新闻发布会集

（2010年度）

国务院台湾事务办公室

九州出版社 JIUZHOUPRESS | 全国百佳图书出版单位

图书在版编目(CIP)数据

新闻发布会集.2010年度/国务院台湾事务办公室编. —北京：九州出版社，2011.3
ISBN 978-7-5108-0880-7

Ⅰ.①新... Ⅱ.①国... Ⅲ.①台湾问题—新闻公报—汇编—2010 Ⅳ.①D618

中国版本图书馆CIP数据核字(2011)第033510号

新闻发布会集(2010年度)

作　　者	国务院台湾事务办公室　编
出版发行	九州出版社
出 版 人	徐尚定
地　　址	北京市西城区阜外大街甲35号(100037)
发行电话	(010)68992190/2/3/5/6
网　　址	www.jiuzhou press.com
电子信箱	jiuzhou@jiuzhoupress.com
印　　刷	三河市东方印刷有限公司
开　　本	680毫米×960毫米　16开
印　　张	14.25
字　　数	120千字
版　　次	2011年3月第1版
印　　次	2011年3月第1次印刷
书　　号	ISBN 978-7-5108-0880-7
定　　价	36.00元

目　　录

国务院台湾事务办公室新闻发布会
（2010 年 1 月 13 日）…………………………………… 1
国务院台湾事务办公室新闻发布会
（2010 年 1 月 27 日）…………………………………… 22
国务院台湾事务办公室新闻发布会
（2010 年 2 月 10 日）…………………………………… 32
国务院台湾事务办公室新闻发布会
（2010 年 2 月 24 日）…………………………………… 40
国务院台湾事务办公室新闻发布会
（2010 年 3 月 17 日）…………………………………… 50
国务院台湾事务办公室新闻发布会
（2010 年 3 月 31 日）…………………………………… 64
国务院台湾事务办公室新闻发布会
（2010 年 4 月 14 日）…………………………………… 76
国务院台湾事务办公室新闻发布会
（2010 年 4 月 28 日）…………………………………… 89

国务院台湾事务办公室新闻发布会
（2010 年 5 月 12 日）…………………………… 100
国务院台湾事务办公室新闻发布会
（2010 年 5 月 26 日）…………………………… 111
国务院台湾事务办公室新闻发布会
（2010 年 6 月 12 日）…………………………… 123
国务院台湾事务办公室新闻发布会
（2010 年 9 月 15 日）…………………………… 135
国务院台湾事务办公室新闻发布会
（2010 年 9 月 29 日）…………………………… 147
国务院台湾事务办公室新闻发布会
（2010 年 10 月 13 日）…………………………… 155
国务院台湾事务办公室新闻发布会
（2010 年 10 月 27 日）…………………………… 166
国务院台湾事务办公室新闻发布会
（2010 年 11 月 10 日）…………………………… 178
国务院台湾事务办公室新闻发布会
（2010 年 11 月 24 日）…………………………… 188
国务院台湾事务办公室新闻发布会
（2010 年 12 月 15 日）…………………………… 196
国务院台湾事务办公室新闻发布会
（2010 年 12 月 29 日）…………………………… 207

[发布时间] 2010 年 1 月 13 日
[发 布 人] 杨　毅
[发布地点] 国务院台湾事务办公室新闻发布厅

国务院台湾事务办公室
新闻发布会

2010 年 1 月 13 日

1 月 13 日上午，国台办在新闻发布厅举行例行新闻发布会。发言人杨毅首先回顾了 2009 年两岸关系所取得的一系列重要成果，对 2010 年两岸关系发展进行了展望，然后回答了记者提问。

杨毅： 各位上午好！今天是国务院台办今年的第一次新闻发布会，所以一开始还是要问候各位一声，新年好！

在刚刚过去的 2009 年，两岸关系扎实推进，稳步发展，成果丰硕。国共两党和两岸双方进一步巩固了反对

“台独”、坚持“九二共识”的共同政治基础，增进了政治互信，保持了良性互动，拓展了两岸关系和平发展的良好势头。海协会与台湾海基会年内举行两次会谈，签订了6项新的协议，达成一项共识，解决了两岸民众关切的实际问题，增进了两岸同胞福祉。大陆企业赴台投资正式启动，两岸开通空运定期航班，两岸直接双向“三通”全面实现。两岸签署金融合作协议和监管合作备忘录，就推动商签两岸经济合作框架协议达成一致，标志着两岸经济交流制度化、机制化进程迈出重要步伐。在遭受全球金融危机冲击的严峻形势下，今年两岸贸易额和台商来大陆投资虽然有所减少，但第四季度已明显回升，大陆继续是台湾最大的贸易顺差来源地和对外投资目的地。大陆全年对台专项采购约140亿美元，并采取一系列措施，支持台资企业参与大陆重大基础设施建设，分享扩大内需所带来的商机，对于协助台湾提振经济起到积极作用。

以弘扬中华文化为核心的两岸文教交流活动丰富多彩。首次以文化教育为主题的第五届两岸经贸文化论坛成功举办，为探讨协商两岸文教交流协议作了有益准备。两岸人员往来持续热络，基层交流全面开展。全年台湾居民来大陆448万人次，同比增加2.66%；大陆居民赴台93万人次，同比增长235.65%，其中大陆居民赴台旅游60.62万人次，实现了全年60万人次的预期目标。两岸基层民众踊跃参与两岸交流，首届海峡论坛和两岸农渔水利合作交流会成功举办，产生了积极影响。

据不完全统计，全年各地共发生涉台突发事件104起。各级政府、有关部门本着对台湾同胞高度负责的精神，快速启动涉台突发事件应急机制，妥善处理每起涉台突发事件，有效维护了当事人权益。全年各地、各部门共受理台商投诉案件2788起，调处结案2457起，结案率超过88%。台商投诉案件总量呈下降趋势，结案率稳步上升。在应对国际金融危机和台湾遭受“莫拉克”风灾的过程中，两岸同胞携手同心，共渡难关，血浓于水的同胞深情进一步增强。

两岸关系一年来所取得的一系列重要成果表明，两岸关系和平发展已经并将继续给两岸同胞带来越来越多的实际利益，这一进程是人心所向、潮流所趋，任何力量都无法阻挡。在新的一年里，我们将继续坚定不移地坚持中央对台工作大政方针，牢牢把握两岸关系和平发展的主题，进一步深入贯彻落实胡锦涛总书记在纪念《告台湾同胞书》发表30周年座谈会上的重要讲话精神，本着“建立互信、搁置争议、求同存异、共创双赢”精神，按照“先易后难、先经后政、把握节奏、循序渐进”步骤，继续稳步扎实地推进两岸协商和两岸关系发展进程，开拓思路，排除干扰，不断开创两岸关系和平发展的新局面。

下面，我愿意回答各位的提问。

香港凤凰卫视记者：最近民进党提出，如果签署ECFA的话，除非大陆同意台湾可以和其他国家签署FTA（自由贸易协定）。请问大陆方面对此持什么样的态度？

杨毅：商签两岸经济合作框架协议，目的是要实现两岸经济的共同发展，增进两岸同胞的共同福祉，最大限度的实现优势互补，最大可能的追求互利双赢。所以，商签这个协议对两岸经济的发展、对两岸同胞都是有好处的。

上海东方卫视记者：听说马英九最近要去中美洲访问，有可能路经美国时和美国的高层接触。请问发言人对此有什么意见？

杨毅：我们希望美方恪守中美三个《联合公报》的原则，慎重、妥善处理涉台问题。

福建海峡卫视记者：有两个问题，第一，今年1月1日中国——东盟自由贸易区就正式启动了，有外界认为现在两岸商签经济合作框架协议的进程应该加速，8日商务部公布目前协商的准备工作已经就绪。想问一下大陆方面对此有没有具体的时间表？第二，“两岸金融监管合作备忘录”即将生效了，日前台湾的期货工会说，希望能推动沟通，大陆一方面可以把台湾列入考点，另一方面也希望通过沟通双方能够进行期货证件证照的认证，请问大陆方面对此态度如何？

杨毅：关于两岸商签经济合作框架协议的问题，两会领导人日前在台中举行的第四次会谈已经就此原则性地交换了意见。双方同意将此议题列为今年上半年第五次两会协商重点推动的议题，并且希望尽快在两会的框架下安排专家业务磋商。至于专家级的磋商什么时候开始，我想还需要两会来商量决定。既然是尽快安排，肯定会很快。

第二个问题，我们会认真研究这个问题，通过适当的方式推动。

台湾中天电视台记者：2010 年刚开始，我们注意到两岸关系发展是不是会出现一些令人比较担忧的现象，因为上海市长韩正、重庆市的代市长黄奇帆的访台行程都传出说要推迟。众所周知的原因，去年底韩正市长要访台，是因为传出高雄要播热比娅的影片而喊停。这次不晓得是什么原因导致这两位访台的行程推迟？另外，发言人是否可以介绍一下，今年将有多少省市长或者是书记率领的高层访问团到台湾去访问？

杨毅：在两岸多年的交流和交往中，大陆各地与台湾建立了密切的联系，培养了深厚的同胞情谊，开展了广泛的交流合作。2009 年，大陆先后有江苏、河南、广西等省区的主要负责人分别率团赴台访问交流，提升了两岸交往的水平和层次，进一步深化了两岸的经济合作，扩大了文化交流，也为广大的台湾同胞带去了实实在在的利益。我想今年仍然会有一些省区市的主要负责人率团访台。这方面的具体安排还需要双方一起商量决定，一旦有明确的消息，我们会及时告诉各位。

中央人民广播电台记者：2009 年两岸的经贸交流非常热络，大陆多个省区的负责人也纷纷率团赴台采购。我们也注意到有台湾媒体报导说，这些采购团签订的都只是一些没有约束力的意向书。现在一些业者担心后续的采购能不能落实，对此发言人有何评论？

杨毅：组织采购团赴台，扩大对台产品采购，是大陆方面主动采取的帮助台湾克服国际金融危机带来的不利影响、缓解经济困难的积极举措之一。2009 年以来，先后有广西、四川、江苏、河南等省区以及海贸会、电子视像行业协会、供销合作总社、福建超大集团等组团赴台采购，采购类别涵盖电子信息、机械、石化、纺织及深加工食品、农产品等，采购的金额之前已经给大家报告过，大约140亿美元。

大陆组织大规模的对台采购，对台湾出口的拉动作用是很明显的。我们可以从数字来看这个问题。从台湾整体的出口情况来看，在大陆启动专项对台采购之后，自2009年7月开始，台湾出口逐月大幅下滑的势头得到明显缓解，10月台对外出口与前年同期相比仅下降4.7%，从11月开始恢复正增长，不仅好于美国、日本，也好于韩国的外贸形势。

从台湾对大陆（含香港）出口数据看，与去年同期相比，6月之前连续4个月下降30%以上；7月在台湾向美、日出口仍不见起色的情况下，对大陆（含香港）出口迅速转为仅下降20.6%，而9月份开始恢复为正增长，11月份增长率更高达47.8%，12月份增长幅度更大。据台湾方面公布的数字，2009年1至11月，台湾生鲜水果出口大陆总值是2008年的2.5倍，而生鲜蔬菜出口则大幅成长10.7倍。这些数字是很说明问题的，大陆对台采购对台湾出口的拉动作用是很明显的。

同时，大陆对台采购还带动了台湾工业生产恢复。我举个例子，比如液晶面板，液晶面板产业作为台湾的龙头产业，在这波金融危机中受到严重的冲击。大陆实施对台采购不仅帮助其恢复了产能，还形成供不应求局面，台湾液晶面板在大陆的市场占有率也由 2008 年的 35% 大幅提高至去年的 50%。

最新的一个消息，1 月 20 日两岸的电子信息企业将在北京举行签字仪式，大陆将再次向台湾采购面板，数额有望达到 50 亿美元。当然我只是举了面板这一个行业的情况，其他行业也有类似的情况。在这些产业的拉动下，自 6 月份开始，台湾工业生产下降的趋势得到较大幅度缓解，到 9 月份即恢复同比正增长，尤其是电子信息产业 10 月份更取得 12.18% 的增长。

大陆组织专项对台采购不仅拉动了台湾出口、带动了台湾生产恢复，而且增加了台湾就业，惠及广大民众，相关企业及其上下游中小企业员工都从中受益。台湾许多企业包括台积电这样的知名企业，不仅全部召回被迫休无薪假的员工，还需要加班赶工，企业员工增加了收入，服务业也恢复了活力。事实证明，大陆赴台采购是实实在在的，是负责任的，对缓解台湾出口下滑，抵御国际金融危机冲击发挥了重要作用。

福建东南卫视记者： 关于大陆游客赴台旅游的问题，昨天台湾有关部门的负责人说，对于大陆居民赴台观光的政策，目前若干问题源自于大陆方面的限制，比如说不准跨区组团等等，请问您对此问题有何看法？另外，6日马英九先生在国民党中常会上也提出，希望能够早日开放大陆游客赴台自由行，自由行在今年有无希望成行？

杨毅：大陆居民赴台旅游实施到现在还不到两年，刚刚一年多，目前还处于初始阶段。我们对大型企业跨区域组织奖励性赴台旅游一直是持支持态度。从实际执行情况来看，这种做法不仅有利于增加大陆居民赴台旅游的人数，维护赴台旅游秩序，也为今后进一步扩大开放积累了经验。随着大陆居民赴台旅游的进一步发展，大陆旅游主管部门将根据赴台旅游的实际发展情况，有计划、有步骤地开展跨区域组团，以确保大陆居民赴台旅游健康有序地发展。至于你提到自由行的情况，大陆居民赴台旅游采取“团进团出”的方式，这是根据两会签署的协议来执行的。就像前面我所讲到的，大陆居民赴台旅游目前还处于起步阶段，应该本着积极稳妥、循序渐进的原则，确保大陆居民赴台旅游能够健康有序地发展。我想，随着大陆居民赴台旅游进一步的发展，在相关条件成熟的情况下，你关心的自由行也好、个人行也好，都是有望实现的。

新华社记者：您刚才谈到2009年两岸经济交流的一

些情况和特点，您是不是也可以向我们展望一下2010年两岸经济交流有哪些新的亮点值得期待？另外，两岸间的MOU本周就要正式生效了，请您介绍一下大陆金融机构赴台的申请情况，对于未来两岸金融业的交流合作，您有怎样的期望？

杨毅：去年两岸经济的情况和今年的展望，我给你介绍一下。

2009年，在两岸共同推动下，两岸全面直接双向“三通”得以实现，两岸经济关系加快走向正常化、制度化和机制化，两岸经济交流合作领域扩大、层次提升，呈现出崭新的局面。

一是两岸实现定期航班，通航、通邮进一步扩大。空中直航方面，两岸定期航班正式启动，两岸直航航点、班次大幅增加，大大方便了两岸同胞往来。海上直航方面，两岸已有160多艘船舶获准从事直航运输，两岸货物运输更加便利。直接通邮方面，两岸邮政间开通邮政电子汇款，各类邮政业务顺利开展。

二是我们积极扩大对台产品采购，协助台资企业转型升级，帮助台资企业解决融资困难，推动大陆企业赴台投资，支持和帮助台湾在大陆举办促销活动，鼓励、支持有条件的台资企业拓展大陆市场，参与大陆扩大内需的基础设施和重大工程建设。其中大陆一系列赴台专项采购活动，在台湾采购累计金额达140亿美元。这些措施对台湾加快摆脱金融危机的影响产生了积极作用。

三是两岸签署金融合作协议，两岸银行业、证券期货业、保险业监管机构分别签署监管合作备忘录，两岸金融监管机构将据此建立监管合作机制，两岸银行业、证券期货业具备了开展实质合作的条件，两岸保险业合作也可望进一步深化。

四是去年6月底台湾方面开放大陆企业赴台投资后，大陆企业积极赴台考察投资环境，寻找合作伙伴，迄今已有10余家大陆企业在台设立分公司或代表处，赴台投资初见成效。

五是两岸积极推进两岸产业合作，尤其是有规划指导、有政策支持、有产学研共同参与的新型产业合作。我们对台湾方面提出的两岸产业“搭桥计划”给予了积极支持，有关工作取得了积极进展。

六是两岸经济关系制度化进一步推进。两岸签署一系列协议和金融监管合作备忘录，推动两岸相关领域的交流合作进一步制度化。

七是启动了商签两岸经济合作框架协议进程。我前面已有介绍，就不再重复了。

八是两岸经济界的交流空前热络。大陆各地举办了数十次大规模、高层次的两岸经贸交流活动，赴台进行经贸考察等活动空前热络。据统计2009年赴台进行经贸活动的团组达6951个，比2008年增长35%；赴台人员46083人次，比2008年增长142%。两岸经济界已形成全方位、多层次广泛交流的格局。

2010年，我们将继续抓住两岸关系和平发展的机遇，积极推进商签两岸经济合作框架协议进程，最大限度地实现优势互补、互利双赢；推动两岸金融业深化合作，推动大陆企业赴台投资，推进两岸产业合作，继续通过协商解决两岸经济合作中存在的制度性问题，进一步推进两岸经济关系正常化、制度化、机制化；采取切实措施帮助台资企业加快转型升级，实现更大发展。

你提出的第二个问题，两岸金融监管合作备忘录签署后，大陆金融监管部门做了大量的工作，推动两岸进一步深化两岸金融合作，比如批准台湾的“台湾银行”在大陆设立代表处，批准了“富邦人寿”、“富邦产险”合资在大陆成立产险公司。16日，两岸金融监管合作备忘录就生效了，MOU生效之后，台湾的银行、证券机构就可以按照大陆的有关规定提出设立经营机构的申请。我们也希望台湾方面受理大陆金融机构赴台设立机构的申请，希望双方抓住这个机遇，推动两岸金融合作取得实质进展，创造互利双赢。具体有哪几家已经申请了，我想你还是向业务主管部门咨询。

厦门卫视记者：据悉，全国人大常委会已经开始在近期对《台湾同胞投资保护法》的实施情况进行执法检查，请您介绍一下相关情况。第二个问题，台湾方面之前对大陆学生到台湾去求学也宣布了一些政策措施，最近岛内有一个评估报告说，今年9月份，大陆学生可能去不了了，保守的预计可能是到明年才能去了。您对大陆学生到台湾求学最早实施的时间做怎样的预期？

杨毅：根据《全国人大常委会2010年监督工作计划》和有关法律、文件的规定，全国人大常委会决定在2010年1月开展《台湾同胞投资保护法》（以下简称“投保法”）执法检查。这是贯彻落实胡锦涛总书记“12.31”重要讲话精神，进一步改进和加强台湾同胞投资权益保护工作，促进两岸关系和平发展的重要举措。本次执法检查重点是了解各地区、各有关部门贯彻实施“投保法”的总体情况和具体措施，发现“投保法”实施过程中存在的突出问题并推动问题的解决，进一步建立健全台湾同胞投资权益保障工作机制，充分保障台湾同胞投资权益。

今天，全国人大常委会华建敏副委员长将率检查组奔赴江苏、广东，明天严隽琪副委员长也将率另一检查组赴上海、福建进行检查。与此同时，全国人大常委会还委托北京、辽宁、山东、浙江、湖北、重庆六个省市人大常委会对本行政区域内的“投保法”实施情况进行检查。预计检查组将于今年4月底前完成检查报告，并向十一届全国人大常委会第十四次会议报告。

你提的第二个问题，我们一贯支持两岸加强教育交流，我们在2006年已经单方面宣布承认台湾教育主管部门核准的台湾高校的学历，2007年宣布欢迎台湾的高校来大陆招生，并为大陆学生赴台求学就学提供方便。你说的情况，我们最近在媒体上也看到了，我们希望台湾方面在推动教育交流方面能够早日迈出积极的步子。具体时间我不便预测。

深圳卫视记者：有两个问题，第一个问题，您刚才一直提到两岸经济往来越来越热络，日前有台湾智囊称，希望能够参与大陆“十二五”规划。对此发言人有何看法？他们希望更多地参与到大陆的规划，而不是被动地等待。另外，台行政主管部门的吴敦义在本月12日提出，在可预见的未来两岸政治上难有突破，您认为目前两岸商谈政治议题的时机是否成熟？

杨毅：“十二五”规划正在制订过程中，我想有关部门会多方听取意见。

第二个问题，我们主张全面推进两岸关系和平发展，总的思路还是“先易后难、先经后政、把握节奏、循序渐进”。要积极推进商签两岸经济合作框架协议，积极地探讨协商两岸文化教育交流协议，同时我们也认为应当面向未来，积极稳妥地探索如何破解制约两岸关系发展的难题，为两岸今后协商政治和军事安全等问题预作准备，创造条件。

台湾东森电视台记者：您刚才提到先经济后政治，但最近台湾有声音说，两岸签署经济合作框架协议即ECFA，有牵涉到政治，甚至有台湾学者说，如果签了ECFA之后会加速两岸的统一。对此您有什么看法？

杨毅：ECFA是一个经济问题。

中新社记者：我有两个问题。第一个问题，请您介绍2009年两岸人员往来和交流的情况，请您介绍其中的亮点，以及2010年对于进一步促进两岸人员交流有没有一些新的计划？第二个问题，日前美方宣布近期将向台湾出售“爱国者”反导系统装备，国台办对此有何评论，这件事情会不会影响两岸关系的发展？

杨毅：两岸人员往来和交流情况稍微多一点，我放在后面回答，我先回答你的第二个问题。

外交部和国防部已经表明了我们对这个问题的严正态度。我们坚决反对任何国家对台售武的立场是一贯的、明确的。推进两岸关系和平发展，才真正有利于台海地区的和平稳定。希望台湾方面珍惜两岸关系和平发展来之不易的良好局面，多做有利于两岸关系改善和发展的事情。

关于两岸人员往来和交流的情况。2009 年两岸人员往来和各项交流进一步蓬勃发展，两岸人民大交流的局面正在形成，对两岸关系和平发展起到了积极的促进作用。

一年来，两岸有关方面继续调整政策，进一步排除两岸人员往来和各项交流中的障碍，为两岸交流交往的扩大和深化提供了有力的支持。大陆采取多种措施深化和扩大两岸交流交往，包括调整和简化大陆居民应邀赴台审批管理程序，进一步方便大陆居民赴台交流；增加台胞口岸签注点，方便台胞入出境；继续向台胞开放多项专业技术人员资格考试，积极开展台湾医师和部分知名资深建筑师的评估认定工作，为台湾专业技术人才在大陆就业创造条件；加强两岸婚姻的登记管理和大陆配偶的政策辅导，推动两岸居民婚姻健康发展。台湾方面也调整松绑了一些两岸交流交往政策，采取了一些积极措施。

随着两岸关系的一系列重大进展和两岸交流交往政策环境的不断优化，及大陆居民赴台旅游的迅速发展，两岸人员往来规模继续扩大，步入了健康发展的快车道；两岸各界加强交流、扩大合作的积极性更加高涨，两岸人民大交流的局面初步形成。2009 年，台湾居民来大陆 448 万人次，同比增加 2.66%；大陆居民赴台 93 万人次，同比增长 235.65%，其中应邀赴台交流 13243 项，103300 人次，同比增长分别为 57.79%、120.58%。截止 2009 年底，台湾居民来大陆累计达到 5588 万人次，大陆居民赴台累计超过 285 万人次。

一年来，两岸密切配合，推动了大陆居民赴台旅游健康有序发展。大陆方面新增 12 省区大陆居民赴台旅游和 113 家组团社；台湾方面将组团人数标准从 10 人降至 5 人，在台停留时间由 10 天延至 15 天。两岸有关方面建立工作机制，加强对大陆居民赴台旅游的监管，确保大陆居民赴台旅游的品质；同时还积极协商两岸互设旅游办事机构，相关旅游办事机构有望于春节前后正式挂牌。2009 年大陆居民赴台旅游 23289 团、60.62 万（606195）人次，实现了全年大陆居民赴台旅游 60 万人次的目标，大陆已成为赴台旅游的第二大客源地。

新的一年，我们将继续采取积极措施，扩大和深化两岸各界交流交往，努力促进两岸文化教育交流正常化，推动多种形式、多种内容的两岸基层民众交流，增进两岸同胞之间的了解和亲情，共同推动两岸关系和平发展。

台湾三立电视台记者：有关ECFA的部分，大陆方面称为“两岸经济合作框架协议”，在台湾称为“ECFA”。最近台湾传出一个说法：“两岸经济协议”，对这一名称两岸之间是否会作出最后的统一？第二个问题，在20日双方专家级预备性磋商会展开，到目前为止进展情况如何？请发言人予以说明。第三个问题，关于国民党在台湾地方选举中节节败退，台湾的媒体评论说，大陆对两岸交流的焦虑感增加了，对此发言人有何评论？

杨毅：第一个问题，我注意到台湾方面已经解释“两岸经济协议”只是一个简称，对协议本身的实质内涵没有什么影响。关键是两岸共同推动这个协商进程，至于说叫什么名称，双方可以商量，我不认为这很重要。

第二个问题，我刚才已经回答过了，具体磋商时间由两岸两会协商决定，应该不会太久，快了。

第三个问题，对台湾这次选举的结果，我没有评论。我看不出来这次补选和两岸关系有什么必然的联系。两岸关系和平发展符合两岸同胞的共同愿望，给两岸同胞带来了实实在在的好处，得到了两岸同胞普遍拥护。事实证明，我们选择了一条正确的道路，应该坚定不移地走下去。我们希望两岸双方共同努力，不断开创两岸关系和平发展的新局面，进一步造福两岸同胞，造福中华民族。

你好台湾网记者：据报道说，两岸经济合作框架协议从最初签署到最终生效，将有长达一年的关税减免的空窗期，请问发言人，这对于2010年两岸经贸有什么样的影响？会不会影响大陆企业赴台采购的意愿？

杨毅：应该没有什么大的影响。两岸避免双重课税的协议，两会在台中举行会谈的时候已经同意，尽快安排后续的协商，只要条件成熟，尽快签署。

《中国日报》记者：大家都注意到从2008年以来两岸之间的交流越来越频繁，也越来越热络。我们也注意到，您在2009年不止一次去了台湾。上个月陈云林会长在台中讲，他感受到的抗争比去年平和得多，不知道您本人的感受是怎样？您有没有感觉到两岸之间由于这种交往的频繁，而使两岸之间由于历史造成的隔阂有所消减？

杨毅：我赞成陈会长的观察。我想，随着两岸交流越来越频繁，这种交流活动会对增进两岸同胞的相互了解起到越来越多、越来越大的作用。

台湾年代电视台记者：刚才发言人表示说，坚决反对任何国家贩售武器给台湾，不过马英九日前接受访问表示，美国军售台湾有助于台海稳定，对此发言人有何评论？

杨毅：我刚才已讲过推动两岸关系和平发展，才真正有利于台海地区的和平稳定。希望台湾方面珍惜两岸关系来之不易的良好局面，多做有利于两岸关系改善和发展的事情。

香港凤凰卫视记者：还是延续我刚才所提的问题，为了顺利签署 ECFA，大陆方面是否会同意民进党提出的条件，就是在签署 ECFA 之后，台湾还可以和其他国家签署 FTA。

杨毅：我想当务之急还是双方推动商签两岸经济合作框架协议的进程。

福建东南卫视记者：有消息说，两岸将会在台湾召开“两岸共同防治 H1N1 新型流感研讨会”，请发言人介绍相关的情况。

杨毅：中华医学会顾问黄洁夫将率大陆医药卫生专家，于18 日至22 日到台湾，出席由大陆中华医学会和台湾生技医疗产业策进会联合主办的“两岸共同防治甲型H1N1流感研讨会”。两岸传染病防控专家将就甲型流感流行趋势与监测、甲型流感防治、药品储备与疫苗接种、甲型流感疫苗研制策略与未来趋势、中草药用于甲型流感的防治等议题进行研讨，并就进一步加强两岸医药卫生领域的交流合作交换意见。我想，两岸医药卫生专家在防治甲型H1N1流感方面开展务实交流和积极合作，对于两岸共同防治流感的进一步蔓延，保证两岸同胞的健康福祉都是有正面积极的作用的。

中央电视台《海峡两岸》记者： 两岸的文物交流在两岸都引起了不小的反响，我们注意到两岸故宫在前不久联合举行的雍正文物展反响非常热烈，据说参观的人次超过了70万人次。请问发言人对两岸的文物交流有何评价？

杨毅： 我们支持两岸故宫加强交流合作。至于两岸故宫交流还有什么具体计划，要问故宫方面。我们总的原则是支持两岸文物界加强合作、加强交流。

谢谢各位出席国台办今年的第一次新闻发布会，下次再会。

[**发布时间**] 2010 年 1 月 27 日

[**发 布 人**] 杨 毅

[**发布地点**] 国务院台湾事务办公室新闻发布厅

国务院台湾事务办公室
新闻发布会

2010 年 1 月 27 日

1 月 27 日上午 10 时，国台办在新闻发布厅举行例行发布会。发言人杨毅回答了记者提问。

杨毅： 各位新闻界的朋友们，大家上午好。今天我没有要发布的内容，下面欢迎各位提问。

新华社记者： 我有两个问题。第一，两岸两会昨天就两岸经济合作框架协议展开了第一次工作性商谈，请问发言人对这次商谈的初步共识有何评价？下一次商谈的时间和地点有没有确定？第二，我们都知道两岸在这次海地大地震当中都纷纷伸出援手，请问两岸的医疗和搜救队伍在这次救援行动当中有没有展开接触和合作？

杨毅：两岸经济合作框架协议第一次两会专家组工作商谈于1月26日在北京举行，经过一天坦诚、务实、善意的协商，达成了多项共识，为两岸经济合作框架协议协商开了个好头。双方积极评价两岸研究机构关于两岸经济合作框架协议共同研究的结论和建议，认为共同研究的结论和建议体现了两岸经济的现状和特点，反映了两岸经济发展的要求，具有重要的参考价值。双方一致认为，商签两岸经济合作框架协议有利于两岸展开进一步的经济合作，有利于两岸共同应对国际金融危机和国际激烈竞争的挑战，有利于建立具有两岸特色的经济合作机制，有利于增进两岸同胞的福祉。双方同意协议的基本内容涵盖两岸间主要的经济活动，包括货物贸易和服务贸易的市场开放、原产地规划、早期收获计划、贸易救济、争端解决、投资和经济合作等；今后双方将按照业务议题进行协商。双方还交换了税则及有关经贸管理规定和统计数据等。双方同意，本着“先易后难、求同化异、循序渐进、积极稳妥”的原则，尽快推进商签两岸经济合作框架协议的进程。

至于你提到的第二次商谈什么时候开始，双方同意在各自进行必要的准备之后，尽快举行两岸经济合作框架协议第二次两会专家工作商谈。

本着人道主义的精神，我们乐见两岸救援队在海地开展必要的联系和合作。

台湾中天电视台记者： 还是继续刚才两岸商签 ECFA 的问题，台湾方面提出“二不、二要”的诉求，也就是说不开放大陆的劳工、不扩大农产品进口，但是我们知道在大陆方面，也要求台湾取消对大陆产品赴台的歧视性待遇，这似乎成为目前双方一个难解的课题。请问发言人，大陆方面将如何解决目前在商谈中所碰到的这个歧见？

杨毅： 推动商签两岸经济合作框架协议，总的原则应该是平等互利、相互开放。在此基础上，我们会认真、充分地考虑台湾方面的合理诉求，尽可能照顾台湾同胞的实际利益，做出妥善安排。

厦门卫视记者： 前几天厦门市市长提出，厦门要争取成为两岸金融合作的试验区。他说今年要在两岸互设金融机构、互认金融证照方面先行先试。请问国台办对此持怎样的态度？

杨毅： 凡是有利于海峡西岸经济区建设的意见和建议，我们都会积极配合有关主管部门认真研究。

福建东南卫视记者： 目前全国各地地方人大、政协两会都正在召开，福建省从九届三次的政协会议以来，每年都邀请一些台商或者台籍人士作为特邀委员的方式列席政协会议，我们也注意到，包括上海、厦门已经有一些台商或者台籍的委员积极提出一些涉台、惠台的议案。请发言人介绍一下，目前台商在大陆参政议政、参与两会的情况是怎样的？

杨毅：一些长期居住在大陆的台商、台胞希望通过适当的方式参与当地的政治生活，对此我们表示理解和尊重。就像你刚才提到的，一些地方在这方面也做了一些有益的尝试。

海峡卫视记者：18 日的时候，一个高雄市民意代表和重要社团负责人参访团到北京参访，期间高雄市议会议长特地拜会了国家旅游局，并且进行了一些会谈。请问这项活动的安排是不是跟去年大陆居民赴台到高雄旅游的人气不旺有关？目前大陆方面有没有出台一些相关的政策，鼓励更多的大陆居民到台湾南部去旅游？第二个问题，日前福建省两会也在召开，期间有代表提出，目前福建省一些台商投资区显得有些拥挤，空间不足。请问台办接下来会不会有相关的扶持政策鼓励福建建立更多的台商投资区？

杨毅：我们对庄启旺议长率团来访，希望进一步加强和大陆交流交往的愿望表示理解和欢迎，对高雄社会各界进一步加强和大陆的民间交流合作乐观其成，我们也希望这种交流和合作能够在更加宽松、更加友善的气氛中进行。

第二个问题，你说的情况，我向有关部门反映一下。

台湾三立电视台记者：请教有关ECFA的部分，现在名称出来是两岸经济合作框架协议，昨天在讨论里，台湾相关人员有提出，最后商签这个协议，通过两会的架构之下，最后要呈报WTO，台湾将会以“台澎金马关税区”这样的名义，不晓得大陆方面会不会也一起通知WTO，会以什么样的名称？另外，包括美国智库的一些委员，他们都有提到，大陆方面不会拦阻台湾去签署所谓的FTA，现在两岸已经开展了经济合作框架协议的协商，我们接下来的FTA的部分，大陆的态度又是如何？

杨毅：在昨天的协商中，双方就两岸经济合作框架协议的正式名称充分交换了意见，并无原则性的分歧。至于说具体叫“框架协议”还是“架构协议”，意思差不多，英文名称也是一样的，双方还可以就此做进一步协商。

关于两岸经济合作框架协议的协商刚刚开始，现在谈你提到的问题为时尚早。我们在推动商签两岸经济合作框架协议的时候，会遵守世界贸易的有关规则。

商签两岸经济合作框架协议是为了推动两岸经济进一步深化合作而做出的一项具有两岸特色的制度化安排，这也是两岸经济进一步加强合作的客观需要，所以我认为，当务之急还是双方尽快推动商签两岸经济合作框架协议的进程。

深圳卫视记者：今天马英九在旧金山将与十多名美国政要通电话，其中触及对台军售议题。另外有美国媒体也报道，奥巴马政府已将对台军售的决定通知国会，其清单包括黑鹰直升机等先进的武器，请问发言人这两件事情对两岸关系将带来哪些影响？另外，这次海峡两岸经济合作框架协议是首次开放给台湾媒体落地签证这么一个措施，不知道这个措施是否会一直延续下去？另外，不知道如果下次在台湾开磋商会的话，我们去台湾是不是也能得到相同的待遇？

杨毅：昨天下午外交部发言人已经再次表明了我们对美国对台军售的严正立场。我们反对任何国家对台售武的立场是一贯的、明确的。就像上次我在发布会上所讲到的，我们认为，推进两岸关系和平发展，才真正有利于台海地区的和平稳定。我们希望台湾方面珍惜两岸关系和平发展来之不易的良好局面，多做有利于两岸关系改善和发展的事情。

这是两岸经济合作框架协议的第一次两会专家工作商谈，在北京举行，因为两会发布的时间是24号上午，25号台湾方面海基会的协商代表以及媒体记者就要过来了，按照现有的程序肯定来不及，所以我们是急台媒所急，特事特办。

台湾TVBS记者：针对ECFA商签的议程，台湾方面表示希望上半年就能够签订，但是大陆方面对这个时间是不是感觉比较急迫，大陆方面的看法是什么？

杨毅：在昨天的工作商谈中，双方已经同意要尽快推进商签两岸经济合作框架协议的进程。至于说你关心的什么时候签，还是那句话，要看协商的进展情况来确定。

中央人民广播电台和你好台湾网记者：在上海两会期间，有祖籍台湾的上海市政协委员提出，希望在世博会期间试行人民币与新台币直接兑换的试点。请问发言人对此有何评论？另外，两岸货币兑换及清算机制是不是仍处在试点和研究的阶段？大概什么时候能谈下来呢？

杨毅：世博会150多年来第一次到中国举办，这是中华民族的一件大事、盛事。上海世博会也会为两岸民众的大交流搭建一个平台，我们欢迎广大台湾同胞届时来上海、来大陆参观游览。我们支持世博会组委会、上海市有关方面采取积极的措施，方便台湾同胞参与世博会。

你提到两岸货币清算机制，两岸还没谈。

香港凤凰卫视记者：在昨天晚上吕秀莲发表一个言论，两岸签署ECFA之后，台湾就像得了“糖尿病”，要靠大陆的“胰岛素”，最后也还是会导致死亡。请问发言人有何评论？

杨毅：两岸研究机构长期共同的科学研究所得出的共同结论表明，签署两岸经济合作框架协议对两岸经济的发展，特别是对台湾经济的发展是有利的。台湾某些政治人物发表的这种言论，既不专业，更不负责任。希望他们在搞清楚情况之前，不要急于发表这种荒谬的论调。

台湾东森电视台记者：我们都知道，双方都认为，昨天商签ECFA的状况是非常顺利的。但是我们都知道，昨天本来是原定半天的时间就要谈定，但是一直延宕到下午的六点半，也就是谈了九个半小时。而且海基会也承认，商谈的过程中的确有一些摩擦。我想了解一下，这个摩擦到底是什么？是不是因为台湾方面有提出，已经确定设了一个门槛，不再让大陆农产品进口的问题？

杨毅：商签两岸经济合作框架协议是一项系统工程，

在我看来昨天的协商还是很顺利的，为商签两岸经济合作框架协议开了一个好头。

中央电视台《海峡两岸》记者：我们看到近日两岸医学专家在台湾就共同防治甲流展开了研讨，卫生部副部长黄洁夫和台湾“立法”机构负责人王金平在研讨会上公布说，两岸医疗卫生合作议题有可能会列入第五次两会领导人的会谈中来讨论，但是台湾方面也有另外一种说法，说这个议题可能在第六次会谈中协商，请问大陆方面对这个问题持什么样的态度？

杨毅：近年来，两岸的医疗卫生领域交流互访频繁。我们认为，加强两岸医疗卫生领域的合作，对于推动两岸医疗卫生事业共同发展，维护两岸同胞的卫生健康福祉，都具有重要的积极意义。我们将积极推动两会就此议题进行协商。

中新社记者：据报道，台湾方面日前公布了大陆合格机构投资者来台相关规定，对陆资汇入投资台湾地区的证券资金采取总量的管制，限额是五亿美元，同时对投资领域也作出了一些限制，您对此有何评论？

杨毅：两岸的金融合作应该互利互惠，同时也要符合市场规则，为投资者提供良好的投资环境。两岸证券业的实质性合作，目前尚属于起步阶段，双方应该共同努力，争取开个好头，为下一步两岸在这个领域的全面合作打好基础，做好准备。

台湾年代电视台记者： 之前高雄市议会议长庄启旺来到北京访问的时候，表示希望下次的“陈江会”可以在高雄举办，不知道台办方面觉得如何？

杨毅： 我想两会协商的地点要由两会来协商确定。谢谢庄议长的好意。

还有问题吗？谢谢各位出席本次新闻发布会，下次再见。

[**发布时间**] 2010年2月10日
[**发 布 人**] 范丽青
[**发布地点**] 国务院台湾事务办公室新闻发布厅

国务院台湾事务办公室
新闻发布会

2010年2月10日

2月10日上午10时，国台办在新闻发布厅举行例行发布会。发言人范丽青回答了记者提问。

范丽青：各位上午好，发布会现在开始。今天我没有主动发布的内容，请大家提问。

中央人民广播电台及你好台湾网记者：春节期间大陆游客赴台湾旅游的情况，您能给我们做一个介绍吗？

范丽青：2009年大陆居民赴台湾旅游实现了预计的60万人次的目标，今年虽然刚刚开年，但是随着全球经济的回稳，大陆旅游业持续保持着健康的发展势头。大陆居民赴台旅游人数也是同比出现了一个较大幅度的上升。我们预计，今年春节期间，大陆居民赴台旅游日均将会超过4000人次。

新华社记者：第一个问题，关于台湾当局采认大陆学历的问题，我们都知道，目前台湾方面对台生取得的大陆学历采认还是采取不溯及过往的态度，昨天也有消息说，台湾方面拟通过举办学历“甄试”的方式，就是通过考两科专业的科目，来有条件采认。请问发言人对此有什么评论？第二个问题，我们注意到，海旅会和台旅会最近计划在两岸互设办事机构，也有消息说，可能在4月14日同时挂牌，请发言人对此做证实。

范丽青：第一个问题，这件事情涉及台生的利益，希望台湾有关方面能够充分考虑台生的权益。

第二个问题，根据海协会与海基会2008年6月签署的《海峡两岸关于大陆居民赴台旅游协议》中的规定事项，去年底大陆海峡两岸旅游协会与台湾海峡旅游观光协会互相递交了双方互设旅游办事机构的申请文本，双方正加紧进行积极准备。具体的挂牌时间，有待于双方商定。

两岸互设旅游办事处均为民间机构，其职能主要是开展旅游咨询、旅游宣传、联络协调及处理旅游纠纷等非营利性业务活动，为旅游者提供更加便捷、便利和周到的服务。这有利于促进两岸旅游业的共同发展。

台湾三立电视台记者：第一个问题想请教发言人，在ECFA签订的进程部分，昨天马英九特别提出来，ECFA签订没有时间表，是否因为双方在谈判过程中有一些阻碍？请发言人说明一下。第二个问题，外界关注海协会和海基会互设办事机构目前进程如何？有可能实现吗？

范丽青：两岸经济合作框架协议的商签问题，双方将采取“先易后难、求同化异、循序渐进、积极稳妥”的原则，尽快推动商签海峡两岸经济合作框架协议的进程。

第二个问题，关于两会互设机构的问题，我们是这么看的，随着两岸“三通”的全面实现，两岸各界大交流的局面逐步形成，两岸交往机制化、制度化的进程有序推进，两岸同胞交往中衍生的一些事务性问题也在逐步增多。两会作为海峡两岸双方各自授权的民间团体，互设综合性的办事机构，可以协助处理两岸同胞往来中的问题，妥善维护两岸同胞的正当权益。所以说，我们认为，这是非常必要的。

中央电视台《海峡两岸》记者：有台商称，他们面临缺工的问题，希望当地政府能够帮助他们出面组织招工。也有一些台商建议，希望当地的台办能够组织台资企业到西部举办招聘会。对于这样的一些建议，不知道国台办有什么看法？

范丽青：多年来，各地政府、各地台办对台资企业的发展都给予了许多必要的协助，做了很多努力，也取得了一定的成效。我们积极支持各地的台办会同有关部门，针对当前台资企业所面临的一些新情况、新问题，采取有效的措施来帮助他们排忧解难。

厦门卫视记者：日前海基会的董事长江丙坤先生指出，他希望在6月份之前举行两会第五次领导人协商，协商的时间地点是否已经有了共识？第二个问题，江丙坤先生也说到，现在两会的协商已经到了“后难”的时期，这个时期两岸的互信特别重要，您对此又有何评论？

范丽青：关于两会的第五次协商，时间、地点要经过两会协商确定。关于两会的协商，目前正在加紧推进商签两岸经济合作框架协议的进程。商签两岸经济合作框架协议属于经济议题，当然这个议题比以往其他的经济议题涉及范围会更加宽广一些。协商难不难，关键在于双方的诚意，还有努力。

福建海峡卫视记者：最近台湾媒体报道说，台湾的相关部门在讨论如何应对海西计划的时候，有部分人士提出来，大陆有意在海峡西岸经济区试行两岸经济合作框架协议，目的是使大陆与台湾的互动区域化，具有统战意涵，请问发言人对此有什么评论？

范丽青： 海西经济区建设是我们经过了比较长时间的论证，酝酿了好多年，而且在此基础上，国务院也出台了《关于支持福建省加快建设海峡西岸经济区的若干意见》，其中明确赋予海西“两岸人民交流合作先行先试区域”的战略定位。目前福建省正在抓紧落实，我们也很希望台湾各界响应海西建设。

关于商签两岸经济合作框架协议是近年来两岸才开始讨论的一个题目，双方已经进行了第一次两会专家的工作商谈。双方正在积极准备后续协商。

台湾中天电视台记者： 还是请教有关 ECFA 的问题，下一轮协商的时间地点是不是已经确定了？另外，ECFA 涉及早期收获清单的问题，台湾方面对某些产业是比较急迫的，像汽车零部件、石化以及金融业的准入门槛。大陆方面对这方面的态度如何？大陆方面提出的早期收获清单是否也涉及台湾一些比较敏感的企业？这方面我们在协商上会怎么处理？

范丽青： 首先，商签两岸经济合作框架协议的第二次工作商谈，具体的时间和内容需要双方协商来决定。

在第一次会谈中，双方都同意要在各自进行必要的准备之后，尽快举行第二次商谈。关于您的第二个问题，在第一次商谈中，双方就早期收获计划的总体考虑初步交换了意见，确认两岸经济合作框架协议将会包括早期收获计划，至于计划的具体细节，双方没有触及。

深圳卫视记者：最近有台湾媒体报道，近日台湾军方有人表示，不再向美国要求购买美国的潜艇，对此发言人有何评论？

范丽青：关于美国售台武器问题，我们已经明确表达反对的立场。因为美国的这一行径，与当前两岸关系良好发展背道而驰，不利于维护台海的和平与稳定，也不符合包括台湾同胞在内的中华民族的整体与长远利益。

两岸同胞是血脉相连的一家人，家和才能万事兴。两岸关系的实践已经并将继续证明，两岸关系和平发展越深入，越能促进台湾同胞的利益和福祉，越能增强台湾同胞对未来的信心。两岸中国人完全有能力、有智慧解决两岸之间的问题。

台湾《中国时报》记者：有关两岸媒体互设办事处的规划，如果说在台湾方面还没有具体开放之前，或者两边还没有协商之前，大陆方面有没有主动考虑会先行宣布开放台湾媒体在北京设办事处？

范丽青：实现两岸媒体互设常驻机构是十分必要的。这一方面，应该说是两岸媒体长期以来的强烈愿望，也是两岸媒体采访常态化的一个基本要求，更是两岸关系发展的客观需求。大陆居民将更多地到台湾去，但是毕竟还是少数人，台湾同胞也会越来越多地到大陆来，也毕竟还是少数人，还需要两岸媒体共同努力，互相多介绍两岸的情况，来增进两岸民众的沟通了解。所以，我们希望两岸本着先易后难、循序渐进的精神，共同努力，创造条件，早日促成。

你好台湾网记者：厦门到金门两岸海底直达光缆项目，大陆工信部已经批准，预计年内建成投入使用，请介绍一下相关的情况，两岸海底光缆截弯取直有什么样的意义？

范丽青：两岸电信企业要合作铺设海底直达光缆，这将有利于提升两岸电信通信的质量和水平，为民众提供更加优质的电信服务。我们乐见两岸的电信企业积极合作，共同建设两岸海底直达光缆。

香港凤凰卫视记者：我们看到昨天台湾地区领导人马英九强调说 ECFA 不会出现政治语言，同时也一定会注意对等尊严，请问您如何看待？

范丽青：两岸商签经济合作框架协议是一个经济议

题，它是在两会框架下进行的。

《人民日报》记者：再过两天就是农历春节了，我记得以前发言人在春节前的记者会会用几个字对新年做一个新期许，比如说“三阳开泰”，明年是虎年，不知道发言人对虎年有什么样简单的新期许？

范丽青：再过三天，我们就会迎来中华民族的传统节日——新春佳节，在这个喜庆的节日即将到来之前，我很愿意在这里向我们的广大同胞，尤其是我们的台湾同胞拜个早年，说一声恭喜。祝台湾同胞新年行大运，虎年好福气，平安添福寿，快乐又如意！

今天的发布会就到这里，我们春节以后见，谢谢大家。

[**发布时间**] 2010年2月24日
[**发 布 人**] 范丽青
[**发布地点**] 国务院台湾事务办公室新闻发布厅

国务院台湾事务办公室
新闻发布会

2010年2月24日

2月24日上午10时，国台办在新闻发布厅举行例行发布会。发言人范丽青回答了记者提问。

范丽青： 各位上午好，发布会现在开始。请大家提问。

新华社记者： 有两个问题。第一个问题，春节前夕胡锦涛总书记到福建漳浦的台湾农民创业园考察，他表示，两岸农业合作有很多优势，完全可以发展得更好，我们应该尽最大努力去做。请问在新的一年当中，在两岸农业合作方面有哪些新的考虑和规划？另一个问题，今年一月份以来，部分沿海地区出现了用工荒等现象，有一部分省市正在酝酿提高最低工资标准来解决这个问题，有分析认为，这个现象可能对台资企业带来新的不利影响，请问新的一年当中，大陆方面将采取哪些具体的措施扶助台资企业走出困境？

范丽青：两岸农业合作具有先天的优势。近年来，我们采取了一系列措施，鼓励并推动两岸农业交流与合作，取得了积极进展。目前已在9个省设立了海峡两岸农业合作试验区，在10个省市设立了19个台湾农民创业园，为服务台湾农民到大陆投资创业，促进两岸农业合作发挥了积极作用。今后我们将进一步加强海峡两岸农业合作试验区和台湾农民创业园的建设，为台湾农民在大陆投资创业提供更好的环境；积极协助台湾农民企业到大陆举办展览展销会，进一步扩大台湾农产品在大陆的销售；不断加强两岸在农业信息技术、人才培训、农民组织建设方面的交流合作，积极探索开辟两岸农业交流与合作的新渠道、新平台，实现两岸农业的共同发展。

您的第二个问题，这的确是目前许多企业所面临的一个问题，台资企业也不例外。多年来，各地对台资企业的发展都给予了许多必要的协助，做了很多努力，也取得了一定的成效。我们积极支持各地台办会同有关部门，针对当前台资企业所面临的一些新情况、新问题，采取有效的措施来帮助他们排忧解难。

台湾中天电视台记者： 胡锦涛总书记在春节前会见台商的时候，特别提到签订 ECFA 之后一定会保障台湾农民的权益。我们想知道签订 ECFA 之后，大陆方面要怎样保障农民的权益，让他们放心？

范丽青： 胡锦涛总书记的重要政策宣示，向台湾同胞释放了善意，也体现了我们一贯的立场。我愿再次强调，在协商两岸经济合作框架协议的过程中，我们将尽量照顾台湾同胞特别是台湾农民兄弟的实际利益，作出合情合理的安排。

福建东南卫视记者： 胡锦涛总书记春节在福建看望台商时强调说，在商签两岸经济合作框架协议过程中会考虑到台湾同胞的利益。台湾很多媒体就解读，这有指标性的意义，将会对两岸经济合作框架协议的协商起到一定的作用。日前江丙坤董事长也说到，今年 5 月份，两岸第五次两会领导人会谈之后将有可能签署 ECFA，您对此预期是怎样的？

范丽青： 胡锦涛总书记的重要政策宣示，我刚才已经说过了。在两岸经济合作框架协议第一次两会专家工作商谈中，双方同意在各自进行必要的准备之后，尽快举行第二次工作商谈。目前，双方正在为此积极准备。至于第二次商谈的具体时间、地点和内容，双方将会尽快协商确定。

台湾 TVBS 记者：请问发言人，两岸互设旅游办事机构什么时候挂牌？以后的服务项目大概有哪些？

范丽青：海峡两岸旅游交流协会和台湾海峡两岸观光旅游协会互设旅游办事处的工作正在加紧筹备中，具体挂牌时间有待双方完成筹备协商确定。至于这两个办事处的职能，上次发布会我也介绍过，主要是开展旅游咨询、宣传、联络协调及处理旅游纠纷等非营利性业务活动，为旅游者提供更加便捷、便利和周到的服务。这有利于促进两岸旅游业的共同发展。

厦门卫视记者：我想问关于两岸新闻交流的问题，距离第一批地方媒体到台湾去驻点采访已经有一年多的时间了，您怎样评价地方媒体在两岸新闻交流中所发挥的作用？第二批地方媒体赴台驻点，申请和批准的情况现在进展如何？什么时候能正式启动？

范丽青：地方媒体赴台驻点方面，目前是有福建两家媒体。这两家媒体在台湾驻点期间，做了大量的客观报道，对于促进福建与台湾民众之间的交流，以及沟通了解都起到了非常积极的作用。目前，已经有另外 3 家地方媒体正在申请、办理手续，希望他们能够尽快到台湾去驻点采访。

中央电视台《海峡两岸》记者：台湾方面即将为赠送大陆的长鬃山羊和梅花鹿举办征名活动，请问大陆方面对此有何看法和建议？

范丽青：台湾同胞向大陆同胞赠送的一对长鬃山羊和梅花鹿，确定将落户山东威海市后，当地正在加紧做好各项准备工作。目前，威海刘公岛森林公园已与台北木栅动物园建立了联系窗口，大陆有关专家也会同台湾专家一道，为接收工作提供技术支持。台北木栅动物园要为这对长鬃山羊和梅花鹿举办征名活动，是一件很有意义的事情。通过征名活动，可以进一步密切两岸同胞感情，表达广大民众对两岸关系和平发展的美好心愿。

福建海峡卫视记者：两会召开在即，有些大陆的台资企业协会日前提出，希望台湾方面能够开放台商担任大陆的政协委员，发言人对此有何评论？另外您怎么看待台商在大陆参政议政所带来的影响？

范丽青：现在在大陆常住的台胞，据不完全统计已经有百万之多。一些长期居住在大陆的台湾同胞有在当地参政议政的愿望。我们对此尊重和理解。

中央人民广播电台和你好台湾网记者：据报道，有台商表示，希望能够参与大陆国有企业采购以及公共工程项目。请问发言人，大陆有关方面是否会帮助台商获得这些商机呢？

范丽青：我们一贯鼓励并支持台商参与大陆基础设施和重大工程建设，支持各地政府和企业将台资企业产品纳入采购范围。2009 年，我办王毅主任在首届海峡论坛上宣布，“鼓励和支持有条件的台资企业拓展大陆市场并参与大陆扩大内需的基础设施和重大工程建设。各地台办将会同有关主管部门为台资企业提供协助，推荐符合资质的台资企业参与当地基础设施和重大工程建设。”此后，为切实将有关措施落到实处，各地相关主管部门积极研究，提出可开放台商参与的基础设施和重大工程建设项目，推荐符合资质的台资企业参与投标。比如，湖北、贵州省和宁夏回族自治区已正式提出可开放台商参与的基础设施和重大工程建设近 30 个项目。苏州等地则在政府投资的重大市政和基础建设工程项目中，优先采购和使用本地台资企业生产的优质产品；今年广州亚运会选手村的窗帘和床上用品，均由台商独家供应，台湾啤酒也是广州亚运会的独家赞助商等。今后，我们将继续为台商参与大陆企业采购和重大工程建设提供支持和便利。

台湾 TVBS 记者：请问发言人，台湾民众非常关心ECFA 问题，昨天台湾“经济部长”提到了，两岸在商讨ECFA 的时候，台湾方面草拟有“终止条款”和退场机制，请问大陆方面是不是也有类似的条款？

范丽青：在两岸经济合作框架协议第一次两会专家工作商谈中，双方同意，协议的基本内容会涵盖两岸间主要的经济活动，包括货物贸易及服务贸易的市场开放、原产地规划、早期收获计划、贸易救济、争端解决、投资和经济合作等。至于具体内容，还有待双方今后进一步协商。

台湾《中国时报》记者：我有两个问题。第一个问题，今年是国共论坛召开 5 周年，请问发言人，今年国共双方对新一轮的论坛有何规划？第二个问题，今天是新春的第一次记者会，想请教有关今年大陆地方省区市主要负责人到台湾访问的计划目前哪些是比较确定的，请发言人说明。

范丽青：两岸经贸文化论坛不仅是国共两党交流对话的重要平台，也是增进两岸各界人士交流互动、汇集民意、凝聚共识的重要平台。今年国共两党有关方面仍将共同举办第六届两岸经贸文化论坛，至于举办的时间、地点等，双方还在沟通酝酿之中。

关于大陆省区市主要负责人访台，在两岸多年的交流与往来中，大陆各地与台湾建立了密切的联系，培养了深厚的同胞感情，开展了广泛的合作。在两岸关系不断改善的新形势下，去年，江苏、河南、广西等省区主要负责人分别率团访问台湾，提高了两岸交往的水平和层次，进一步深化了两岸经济合作，扩大了两岸文化交流，也为台湾民众带去了实实在在的利益。今年仍将有一些省区市的主要负责人率团访台。这方面的安排还需要双方协商确定，一旦有明确的消息，我们会及时向大家报告。

深圳卫视记者：请发言人介绍一下，此次春节期间大陆游客到台湾旅游的情况。

范丽青：春节期间大陆居民赴台旅游情况是比较好的。今年春节长假期间，也就是 2 月 13 号到 19 号，大陆居民赴台旅游一共有 1388 个团组，总人数达到 34958 人次，与去年的同期相比，增长了 168.91%。在这期间，平均每天赴台游的人数达到了 4994 人次，人数最多的一天是正月初一，达到了 8349 人次。

香港凤凰卫视记者：据台媒报道，第五次两会领导人会谈可能于 5 月份在上海举行，请发言人证实这个消息。另外能不能透露一些关于这次会谈的主题，包括一些行程的安排？还有，海基会董事长江丙坤3月底有可能会到湖南等地考察，请发言人介绍一下详细的消息。

范丽青： 您的第一个问题，我目前没法证实，因为两会还没有协商沟通。目前两会正在为两岸经济合作框架协议第二次专家工作商谈进行积极准备。

第二个问题，海协会和台湾海基会之间开展交流互访，对于推动两岸各界交流、增进了解，具有积极意义。在去年底举行的两会第四次会谈中，双方一致肯定两会交流的积极成效，同意今年要继续加强交流互访。据了解，有关具体规划，两会目前还在沟通中。

台湾中天电视台记者： 您刚才提到ECFA第二次专家协商，有没有确定在什么时候进行？

范丽青： 第二次商谈的时间、地点和内容，双方将会尽快协商确定。

中新社记者： 据了解，日前有关部门公布了新一轮家电下乡招投标结果，其中有多家台资企业入围，请介绍有关情况。

范丽青： 2010年第一次家电下乡招投标结果，已由财政部、商务部和工信部在2月11日联合公告。其中，台资企业华硕、宏碁、樱花、捷联等再次入围，并大幅增加了入围产品型号。

在新一轮家电下乡中，财政部门大幅提高了9类下乡产品的最高限价，并对提高限价部分所对应的下乡产品实行定额补贴。这项举措有助于加快平板电视、笔记本电脑等家电产品更新换代和向农村市场延伸。从中标结果看，提高产品最高限价后，台资企业中标增加，价格明显提升，比如，这次华硕中标型号达50个，宏碁、樱花、捷联等也分别有17、23、25款不同产品中标，而且产品价格提高。台资企业扩大参与家电下乡，有利于相关企业加快产业结构调整、提升行业竞争力，也为加强两岸经济交流合作、共同应对国际金融危机注入了新的动力。

据不完全统计，截至2009年12月31日，华硕、宏碁、樱花、捷联、明基等台资企业参与家电下乡登记销售量共4.7万余台，累计登记销售金额约1.086亿元人民币。

今天的发布会到此结束，谢谢大家。

[**发布时间**] 2010 年 3 月 17 日
[**发 布 人**] 杨　毅
[**发布地点**] 国务院台湾事务办公室新闻发布厅

国务院台湾事务办公室
新闻发布会

2010 年 3 月 17 日

3 月 17 日上午 10 时，国台办在新闻发布厅举行例行发布会。发言人杨毅回答了记者提问。

杨毅：各位，上午好！我今天没有要发布的内容，欢迎各位提问。

深圳卫视记者：据报道，台湾有关行业组织希望今年年底前能够搭建这个认证的平台，让符合条件的台湾药剂师、护理师等医务人员不必考证就可以来大陆取得任职的职业资格，请问大陆方面对此有何态度？第二个问题，台行政部门负责人吴敦义日前表示，在确保台湾安全的前提下，两岸的军事互信谈判可以循序渐进地进行，例如“海峡中线”的问题可以先谈，对此您有什么评论？

杨毅：加强两岸医疗界的交流和合作，有利于促进两岸医疗卫生事业的发展，造福两岸同胞，大陆方面愿意就台湾有关行业组织提出的对台湾药师、护理师开放认证职业资格的事宜，同台湾有关方面进行积极的协商。

第二个问题，我们赞成两岸适时就建立军事安全互信机制问题进行探讨。

福建海峡卫视记者：上海世博会召开在即，请发言人介绍台湾方面参与本届世博会的相关情况。另外，台湾业者表示目前每周270个航班，像上海、北京等城市显得有些运力不足，面对上海世博会的客流量的变化，大陆方面在民航的航班航点上会不会考虑增加？

杨毅：举办2010年上海世博会是全体中华儿女共同的盛事。上海世博会自筹办以来，得到台湾各界的广泛关注、热情支持和积极参与，目前台湾已经参加了上海世博会场馆建设与展示、市场开发与运营、文艺演出活动、票务推广等方面的相关工作。

在场馆建设与展示方面，以“山水心灯——自然·城市·心灵”为主题的台湾馆由台北世界贸易中心筹建，提倡未来城市文明“回归自然、回归心灵”，与“城市，让生活更美好”的本届世博会主题相呼应。台北市以“无线宽带——宽带无限的便利城市”和“迈向资源循环永续社会的城市典范”两个案例入选本届世博会“城市最佳实践区”案例展示。震旦集团筹建了以“中华玉文化、城市新风格”为主题的企业馆。

在市场开发与运营方面，目前，参与世博会市场开发的台资企业，据我们了解已达到21家，这些企业分别参与了世博园区和世博村餐饮服务、世博会特许商品零售以及便利店服务。

在文艺演出活动方面，台北市立交响乐团和台北国乐团作为城市最佳实践区台北案例文化活动的组织者已向世博会组织者提交演出申请，并申报了户外广场音乐会演出方案。长荣基金会交响乐团等已确定参与世博会演出。

在有关票务推广方面，目前，台湾中国旅行社已成为上海世博会台湾地区指定票务代理机构。我们热忱欢迎广大台湾同胞届时前来参观世博会，共襄盛举。我们将为台湾同胞提供周到的服务。

至于你提的第二个问题，我想，刚才我已经讲过了，只要是有利于方便台湾同胞参与上海世博会的相关事项，我们都会积极协调，努力促成。

台湾东森电视台记者：请问发言人，最近美国的一个智库学者谭慎格宣称，台湾如果和大陆签了 ECFA，可能会被边缘化，不晓得发言人对此有什么看法？

杨毅：协商签署两岸经济合作框架协议，目的是要实现两岸的互利双赢，建立具有两岸特色的经济合作机制。两岸有关研究机构长期的分别研究和共同研究都已经表明，商签这个协议对两岸经济发展是有利的。

台湾 TVBS 记者：请问，根据媒体报道，下一个礼拜大陆商务部副部长姜增伟先生要到台湾访问，请发言人证实这件事情。另外，姜增伟到台湾去是不是跟商签 ECFA 相关？马英九昨天说了，希望在今年 6 月份前，两岸的 ECFA 商签可以定下来，请问发言人对 6 月这个时间点有没有意见？

杨毅：第一个问题，姜增伟先生将在本月下旬去台湾访问，是参加两岸经贸方面的交流活动。

第二个问题，关于商签两岸经济合作框架协议的问题，胡锦涛总书记、温家宝总理已经做出了明确的宣示，表明了我们一贯的立场，释放了我们的善意。我们将认真贯彻胡总书记、温总理的指示精神，加快推进商签两岸经济合作框架协议的进程，努力地把好事办好，促进两岸经济的共同发展，造福两岸同胞。至于说什么时候能够签这个协议，还是要看两岸协商的进展情况，双方共同朝你说的这个时间来努力。

厦门卫视记者：日前有台湾的民意代表指出，因为厦门跟金门很近，提出希望把厦门作为一个备用机场，这样如果遇到大雾的天气，台湾的班机可以在厦门备降，请问大陆方面对此持何态度？

杨毅：早在1981年10月，大陆民航主管部门就已经宣布，台湾民航飞机在飞行中如遇紧急情况，可以到大陆民航机场降落或起飞，大陆民航将提供一切安全保障和服务设施。2007年4月，在第三届两岸经贸文化论坛期间，民航总局负责人进一步重申，台湾民航飞机如果有需要，不管是天气方面的原因还是飞机的原因，或者其他紧急的情况，都可以通过两岸航空业已经建立的畅通的沟通渠道，到大陆对外开放的机场降落。所以，我想你说的情况不成问题。

中央电视台《海峡两岸》记者：据报道，上海市长韩正将于4月上旬赴台推介世博会，随后湖北省委书记罗清泉也将率千人团访台，请发言人介绍一下他们的行程安排。另外，大陆其他省区市主要负责人今年率团访台还有哪些计划？

杨毅：上海市长韩正计划于4月上旬率团赴台访问。访台期间，韩市长将出席“上海—台北城市论坛”，交流两市发展和管理的经验，考察交通市政建设。韩市长还将出席上海世博会的推介活动，并和台湾的民众互动交流。为了促进沪台两地文化交流，上海交响乐团、上海昆剧团届时将随韩市长赴台访问演出。

中共湖北省委书记罗清泉计划于4月中下旬率团赴台交流访问，参加第七届“湖北·武汉台湾周”活动，并进行经贸、科技、文化等方面的交流，相关的行程还在安排之中。年内其他重要的赴台访问安排，如果一旦确定，我们将及时向各位通报。

台湾中天电视台记者：请问，下个礼拜两岸两会将就ECFA进行二度协商，请问大陆方面对这次协商希望达成什么样的目标、有什么样的期待？第二个问题，商务部副部长姜增伟下个礼拜也要访台，我们知道姜增伟副部长是在商务部负责ECFA谈判的官员，您刚才说到这次他去台湾是参加民间的经济交流。不晓得他是否会借这次访台的机会，跟海基会或者是其他相关的单位做关于ECFA议题的交流？

杨毅：两岸关于经济合作框架协议的协商是一个过程，第二次两会专家组工作商谈什么时候举行，还需要两会来商量决定。这是第一个问题。第二个问题，刚才我已经回答，姜先生这次赴台是参加一个民间的经贸交流活动。

新华社记者：据悉，国台办王毅主任今天将赴日本访问，请发言人介绍一下相关行程的安排。

杨毅：应日本政府的邀请，王毅主任今天赴日本进行访问。访日期间，王毅主任将分别会见日本政府以及朝野政党负责人，看望包括台胞在内的旅日侨胞，并和日本各界进行交流。

台湾年代电视台记者：请问温总理的有关“让利说”，我们知道昨天吴敦义有提到，“让利”这两个字如果改用“同理心”，可能让人家感受会比较好一些。另外，有人说用“让利”这样的字眼，会不会有矮化台湾的嫌疑。请问发言人怎么看？

杨毅：想得太多了。我前面已经讲过了，温总理的重要政策宣示已经表明了我们的一贯立场，也释放了我们的善意。协商两岸经济合作框架协议，要遵循平等协商、互利双赢、彼此照顾对方的关切这三条原则。两岸是同胞兄弟，在协商的过程中，我们会按照大陆的一贯政策，从两岸经济规模、产业结构、市场容量等具体的情况出发，充分考虑台湾方面的合理诉求，尽可能地照顾台湾中小企业、广大基层民众，特别是台湾农民朋友的利益，做出合情合理的安排。我想，我们的善意已经体现得非常充分。

中新社记者：我有两个问题。第一，春节以来，大陆居民赴台旅游的人数成倍增加，现在台湾有关方面已经把每日审批的上限额度从4311人上升到6000人。有关旅游业者呼吁，希望能够尽快调高或者调整现在平均每日游客配额3000人的上限，请问您对此有何看法？第二，也是与此相关的，台湾航空业希望，两岸的航班能够增加。您对此有何看法？

杨毅：有越来越多的大陆同胞愿意到台湾去旅游，是好事儿。我想这种好的形势下，两岸有关的主管部门有责任、也有义务为赴台旅游的大陆居民提供更加便捷、周到的服务，让他们高高兴兴地去、开开心心地回。至于你提到的配额问题，台湾方面如果有想法，双方可以商量。

第二个问题，去年8月31日开始，每周往返两岸的直航班次已经大幅增加到270班，尽管如此，和每年往返两岸500万人次的旅客相比较，航班仍显不足。特别是一些热点的城市，比如说北京、上海、广州、深圳等地的航班还是相当紧张，往往一票难求。所以，我们对两岸民众希望继续扩大两岸直航的航点、增加直航航班的愿望表示充分的理解，并且愿意通过两岸协商作出合情合理的安排，为两岸民众的往来提供安全、便捷的服务。

台湾三立电视台记者：回到ECFA的问题，温总理讲“做让台湾农民放心的事情”。其实，台湾农民最担心的就是大陆农产品如果以后开放到台湾去，可能威胁他们的生存空间。请发言人阐述一下，如何让台湾农民安心？

杨毅：温总理已经作了政策宣示，接下来的问题要通过两会工作组的协商来进行。我再加一句，现在两会工作组的协商正在进行，希望社会各界，特别是新闻界能够给他们多一点时间，创造一个相对宽松的环境，让他们好好谈，争取早一点谈出结果。

中央人民广播电台记者：最近，我们注意到台湾有关部门的负责人表态，今年世界卫生大会将会继续邀请台湾以观察员的身份来参会，而且他们很快就会收到邀请函，请发言人证实一下这个情况。

杨毅：去年，两岸双方妥善处理了台湾方面参加第62届世界卫生大会的问题，得到了两岸同胞的广泛支持及国际社会普遍好评。在两岸关系和平发展的良好形势下，我想今年这个问题也会得到妥善的安排。

《中国日报》记者：延续军事交流的问题，台湾吴敦义提出了两个前提，请问大陆对于两岸军事交流有没有设定什么前提？

杨毅：我刚才在前面说了，我们主张适时就军事问题进行接触交流，探讨建立两岸军事安全互信机制问题。这方面的工作也应该循序渐进、先易后难，从容易做的先做起。比如说从两岸退役军人和相关专家学者的交流开始。这方面双方去年在台北举行了两岸一甲子的研讨会，我觉得就是一个好的开始。

你好台湾网记者：清明节快到了，台湾方面主动临时上调了大陆居民赴台旅游的配额。另一方面，很多定居大陆的台籍同胞及其后代，也很希望在这个假期返台探亲祭祖。在今年两会期间，很多代表委员也非常关心推动大陆台籍同胞自由赴台探亲问题，不知道国台办最近有没有跟台湾方面就此进行接洽沟通？

杨毅：慎终追远，这也是人之常情。我们希望台湾方面能够积极妥善地处理这个问题。

厦门卫视记者：刚才您也提到的，现在有越来越多的大陆居民想到台湾去旅游。我们也注意到日前有报道说，连续发生了很多起大陆旅行团因证件问题推迟或无法入岛旅游的情况，您对此有何看法？

杨毅：这个事情我刚才已经谈到了，刚才你提到的这些最近发生的事，媒体都有很多报道，我想我也不必在这里再详述。我还是那句话，扩大大陆居民赴台旅游是我们这两年来一直在努力做的事情。目前大陆居民赴台旅游的积极性很高，这是一件好事，两岸双方应该为他们创造更好的环境，提供周到、便捷的服务。

台湾《中国时报》记者：今年5月9日，俄罗斯将举办反法西斯胜利65周年纪念活动，俄罗斯的有关人士想要邀请当年国民政府的老兵参加。不晓得大陆对这方面是否乐观其成？

杨毅：你充分地阐述了你的观点，我也看过你的报道，但是我没有听说过有这件事情。

中国台湾网记者：发言人，你好。有报道说，最近台资企业的缺工现象比较严重，请您介绍一下具体情况如何？另外，大陆有关方面会采取哪些措施帮助他们解决这一问题？

杨毅：近来，随着国内外经济回暖，各地企业生产渐趋稳定，在一些地方出现缺工现象。但据专家的研究，目前大陆劳动力资源总体上依然充沛，部分地区的缺工现象是季节性、结构性和区域性的，经过政府和企业共同努力，是可以解决的。有关部门近日已表示，部分地区缺工现象近来已有明显缓解。

为进一步服务台商，帮助和促进台资企业发展，我办近期分别就部分台商投资较集中地区台资企业缺工情况进行了了解。目前，相关省市已经相继采取向务工人员发放免费求职指南、组织台资企业赴外省招工、举办台资企业专场招聘会、适当提高最低工资标准、加强省际劳务合作、加大培训力度等多项措施，帮助企业解决困难。相信随着这些措施的逐步落实，将对缓解当地台资企业用工难问题起到积极作用。

另外，有关部门还将采取指导台企联、各地台协等团体广泛发布用工、求职信息，加强工人技能培训，协调用工大省与劳务输出大省建立劳务合作关系等措施，帮助台资企业解决困难。

《人民日报》记者： 发言人，你好，我看到有报道说，海协会副会长王富卿3月18日将率宗教交流团赴台访问，海基会董事长江丙坤也将于3月24日率团来大陆。请予证实，并介绍今年两会交流的规划情况。

杨毅： 根据海协会、海基会去年底台中会谈达成的关于继续加强两会互访交流的共识，经两会初步商定，今年海协会拟组织6至7个交流团赴台访问。内容涉及促进大陆企业赴台投资、宗教交流、防御自然灾害交流、中小企业家交流、医药卫生交流、农业交流、司法交流等方面。海基会也拟组织5至6个交流团来大陆访问。据了解，3月18日至26日，王富卿副会长将率“海协会民族宗教交流团”赴台北、台中、高雄、花莲等地访问，加强两岸宗教、民俗交流。3月24日至30日，江丙坤董事长将率“海基会华中台商参访团”赴长沙、南昌、合肥等地参访，走访三地台资企业，考察台资企业在中部地区经营发展的情况。海协会已做好各项接待安排。欢迎江董事长率团来访。

《法制晚报》记者：我有三个问题，第一个问题，今年两会期间有全国人大代表提出，希望在广东沿海地区先开放台湾个人游，去年国台办的回复是时机不成熟。想问一下，今年这个情形有没有变化？第二个问题，两岸旅游部门互设办事处，什么时候挂牌？第三个问题，在总理的记者会上，总理说希望《富春山居图》合璧，两岸分别收藏此画的两个博物院都提出了各自的态度，请问台办在这方面有没有做牵线的工作？

杨毅：第一个问题，目前大陆居民赴台旅游采取团进团出的方式，这是根据两会达成的关于大陆居民赴台旅游的协议来做的。考虑到大陆居民赴台旅游还处于起步阶段，双方应该本着积极稳妥、循序渐进的原则来确保大陆居民赴台旅游健康有序地发展。当然，随着大陆居民赴台旅游进一步的发展，在相关条件成熟的情况下，我上次已经讲过，我想你说的“个人游”是有望实现的。第二个问题，海峡两岸旅游交流协会和台湾海峡两岸观光旅游协会互设办事机构的问题，双方在完成筹备之后，将商量挂牌的时间。第三个问题，据我了解，杭州的博物馆已经在和台北故宫博物院就《富春山居图》两幅合展的事情进行商量。这是一件有利于加强两岸文化交流，有利于共同弘扬中华文化的好事。希望双方共同努力把它完成。

台湾《中国时报》记者：ECFA 商签，马英九已经提出了时间表，希望在 6 月能够签成。我可以这样理解吗？ECFA 争取在 6 月签成？

杨毅：刚才我在回答年代电视台记者提问的时候，已经讲的比较清楚了。协议的签署当然要根据协商的进展情况来确定。但是，考虑签署两岸经济合作框架协议对两岸经济都有好处，也有急迫感，所以我们已经表态，将加快推进这个协商的进程，双方共同朝着你所说的那个时间来努力。

谢谢各位出席本次发布会，下次再见。

[发布时间] 2010年3月31日
[发 布 人] 杨 毅
[发布地点] 国务院台湾事务办公室新闻发布厅

国务院台湾事务办公室
新闻发布会

2010年3月31日

3月31日上午10时，国台办在新闻发布厅举行例行发布会。发言人杨毅首先介绍了第二届海峡论坛的筹备情况，然后回答了记者提问。

杨毅：朋友们，早上好！第二届海峡论坛将于2010年6月19日在福建举办。主会场设在厦门市，分会场根据论坛主题和系列活动项目安排在福建省其他8个设区市举办。

第二届海峡论坛继续以“扩大民间交流、加强两岸合作、促进共同发展”为主题，强化作为两岸民间交流平台的作用，更加突出民间性、大众性、广泛性。在首届海峡论坛的基础上，第二届海峡论坛在内容安排上将更丰富，更贴近基层民众的需求，增强两岸民众交流互动。本届论坛由两岸有关单位、民间团体共同主办，目前正在加紧筹备，热忱欢迎台湾广大基层民众尤其是中南部的乡亲前来参加，当然也热忱欢迎媒体朋友届时前去采访。

下面我愿意回答各位的提问。

福建海峡卫视记者：日前据台湾媒体消息，吕秀莲正在推动以“96 共识”取代“九二共识”，在岛内鼓动成立“96 共识推动联盟”，请问发言人对此有何评论？

杨毅：反对“台独”、坚持“九二共识”，是两岸双方建立政治互信的重要基础。两岸达成“九二共识”的过程和全部事实都是很清楚的，无可争辩，也无可取代。我想强调的是，任何的“台独”分裂图谋，过去做不到，今后也不可能得逞。两岸同胞应携手努力，共同反对一切“台独”分裂活动，维护和深化来之不易的两岸关系和平发展的良好局面。

台湾中天电视台记者：ECFA 的二次协商今天正式在台湾登场，王毅主任昨天在接受台湾《旺报》专访时提到商签 ECFA 对台湾的“五个保证”，请您介绍一下这

"五个保证"。他同时也提到今年会扩大对台湾的采购，也请您介绍一下采购方面有哪些项目？

杨毅：王毅主任昨天在接受台湾《旺报》专访的时候，花了较长的篇幅深入阐述了对ECFA的一些看法。你刚才提到五个方面，是王主任在接受采访的时候讲的。王主任表示，一是两岸在早期收获中提出希望对方降税的产品，无论是金额还是在各自出口中所占的比例，大陆方面都会少于或低于台湾方面。二是大陆方面选择对台湾降税的产品时，将尽可能选取能惠及台湾中小企业和广大基层民众的相关产品。三是大陆方面提出希望台湾方面降税的要求时，将尽量不影响台湾的弱势产业。四是大陆不会要求台湾方面进一步扩大大陆农产品入岛。五是大陆无意对台湾实施劳务输出。

至于你提到的采购方面的内容，我想今年基于互利的原则，大陆方面还会对台湾进行采购，具体的数字我这里还没有，有了之后，我再告诉你。

新华社记者：有两个问题：第一个问题，在3月27日多个支持两岸统一的台湾民间社团发起成立了"两岸和平发展论坛"，并于当天发表了题为"深化两岸交流互信基础，建设两岸共同家园"的声明，请问发言人对此有何评价？第二个问题，我们知道还有一个月上海世博会就要开幕了，请问大陆方面在这6个月的会期当中会不会邀请台湾的嘉宾来参加相关的活动，比如说会不会邀请连战、吴伯雄和宋楚瑜等人呢？

杨毅：第一个问题，我们高兴地看到台湾多个主张两岸和平统一的政党团体共同召开这次论坛，致力于深化两岸交流互信基础，建设两岸共同家园。我们希望有越来越多的台湾同胞支持、参与两岸关系和平发展。

第二个问题，上海世博会自筹办以来，受到了台湾同胞的广泛关注、积极支持。我们热忱欢迎广大台湾同胞届时来上海参观世博会。至于说台湾嘉宾参加世博会开幕式等相关活动的安排，上海世博会组织者正在积极规划。

台湾 TVBS 记者：请问发言人，现在在台湾大溪登场的第二次 ECFA 专家级的协商，因为台湾的绿营已经扬言要发动抗争的行动，维安的层级也加强了，不晓得发言人对协商代表的人身安全有没有疑虑？另外，请发言人介绍一下协商的进度，是不是像马英九所说的，有望在6月以前签署完成？

杨毅：对商签两岸经济合作框架协议，岛内的一些人有不同的看法，我们了解，我觉得这也很正常。但应该通过理性的沟通来增进了解，消弭分歧，而不是通过付诸过激行为的方式。签署两岸经济合作框架协议对两岸经济发展有利，对台湾同胞有利，我相信能得到广大台湾同胞的支持，我也希望，在台湾举行的两岸经济合作框架协议第二次两会专家工作商谈能够圆满、顺利。

至于你提到签署的时间问题，我们还是那句话，签署协议当然要看协商的进展情况。我再引述王毅主任昨天在接受台湾《旺报》采访的一句话，“只要双方都能以诚相待，相向而行，我们就有可能加快谈判速度，争取早日签署”。

厦门卫视记者：世博会就要开幕了，我们也注意到大陆的一些航空公司已调整飞往上海的航班，以及调整了票价。想问，台湾的航空公司在飞往上海的航班航线上是不是也有调整？第二个问题，根据报道，台湾有关方面提出，为了解决台湾的航空公司不能将营收款汇回台湾的问题，台湾方面在完成相关的修法之前，是不是可以请两会洽谈一个过渡性的做法，大陆方面对此持怎样的态度呢？

杨毅：我想，既然我们已经讲过，热忱地欢迎广大台湾同胞届时来上海参观世博会，我们就会为台胞往来上海和台湾提供便利。至于说具体的航班安排，我建议你向航空主管部门来询问。

第二个问题，发生你所说的这种情况的原因是由于台湾方面的政策限制。根据去年4月两会签署的《海峡两岸空运补充协议》规定，对两岸航空公司参与两岸航空运输在对方所取得的运输收入，相互免征营业税及所得税。但由于台湾方面表示需修改“两岸人民关系条例”相关内容，所以协议这一条款至今无法实施。我相信只要解决了“互免税费”的问题，台湾航空公司在大陆营收款汇回台湾的问题即可解决。在双方做出具体的安排之前，大陆业务主管部门采取了对台湾航空公司暂缓征收的措施。我们也欢迎两岸有关主管部门以适当的名义就此进行沟通，寻找解决问题的办法。

香港凤凰卫视记者：我们注意到日本刚发布一份研究报告评价海峡两岸的关系，说经济关系会改善，政治关系也会得以改善，但是要突破安全保障的障碍，签署和平协议可能性不大。您对此有何评价？

杨毅：我们主张全面推进两岸关系和平发展，按照先经后政、先易后难、循序渐进的原则，现在正在大力推动两岸关于经济合作方面的协商，特别是目前正在进行两岸经济合作框架协议的协商，我们也希望能够在适当的时候，增加文教方面的协商内容。同时，我们也主张两岸面向未来，为双方今后共同破解政治难题创造条件，预做准备。

福建东南卫视记者：据报道，一些台湾的机构正在积极争取大陆合格境外机构投资人（QFII）资格，因目前在大陆排队申请的外资很多，所以有台湾业者也希望对他们的申请来另案处理，才可以更快地进入 A 股市场。不知道对此发言人有何评价？

杨毅：我们欢迎台资机构申请 QFII 的资格。目前，大陆证券监管部门已经收到个别台资机构递交的申请。我们愿意和有关部门协商，尽量加快办理台资机构申请 QFII 资格的进度，来满足广大台湾同胞的投资需求。

深圳卫视记者：4 月 6 日，上海市长韩正将要率团到台湾访问，有消息称，上海市和台北市将签署一个合作备忘录，请问发言人，这个备忘录是不是两岸城市间首个备忘录？您对这个备忘录有何评价？另外，国家副主席习近平下周将出席亚洲博鳌论坛，有消息称，他将会见以台湾两岸共同市场基金会顾问名义参会的钱复和苏起，请发言人给予证实。

杨毅：我们支持上海市和台北市加强交流和合作，只要是有利于两岸交流合作的事情，我们一贯都积极支持。

第二个问题，博鳌亚洲论坛 2010 年年会将在 4 月 9

日至11日在海南博鳌举行。台湾两岸共同市场基金会作为博鳌亚洲论坛的钻石会员，每年都组团参会。据向论坛秘书处了解，由两岸共同市场基金会最高顾问钱复先生率领的代表团已经向秘书处报名。根据年会的议程安排，两岸共同市场基金会代表团将出席论坛的开幕大会，并参加以“两岸签订ECFA后的商机”为主题的两岸企业家圆桌会议等活动。

中国台湾网记者：据了解，大陆红十字会日前与台湾红十字组织签署了共同参与灾后重建备忘录，将投入人民币1.2亿元用于协助灾区建设。请您介绍一下相关情况。

杨毅：前不久，就是3月21日到28日，中国红十字会郝林娜副会长率总会及川甘陕三省红十字会5.12地震灾后重建人员，应邀赴台参加了由台湾红十字组织主办的“‘9.21’、‘5.12’、‘8.8’灾后重建工作研讨会”，与台湾红十字组织签署了“海峡两岸红十字组织共同参与‘8.8水灾’灾后重建备忘录”。中国红十字会将投入人民币1.2亿元，通过台湾红十字组织协助“8.8水灾”受灾地区短、中、长期的重建工作。

根据备忘录，中国红十字会承诺的1.2亿元人民币捐款中，50%用于台湾“8.8水灾”灾区的基础设施重建，包括永久性民房、校园以及位于阿里山的一座吊桥；15%用于软件重建，包括在援建的居民区设立社区服务中心、森林恢复重建等。此外，还有35%的款项用于建设灾区灾备中心、培训救灾人员以及提高民众防灾救灾的能力。

海峡之声电台记者：据报道，江丙坤日前表示，期盼海协会会长陈云林也能够率团来台参访，进行两会理事、监事之间的交流，请问大陆方面对此持何态度？

杨毅：我想，促进两岸交流是海协会和海基会共同的重要职责。两会组织交流互访，有利于扩大两会的交流，增进两岸间的沟通和了解。江丙坤董事长已多次率团来大陆参访。我相信，陈云林会长也会很乐意率团赴台湾参访。

福建海峡卫视记者：目前我们国家的西南地区旱情比较严重，我们了解到，在发生旱情的三个省份有一部分台湾农业项目基地，不晓得这么严重的旱情，有没有对这些项目或者台资企业造成什么影响？另外，对于西南旱情发生的地区，台湾是否有进行一些相关的援助。请发言人介绍一下情况。

杨毅：目前我们还没有接到相关地区台资企业受灾的情况报告。在救助灾区方面，近一段时间以来，大陆西南地区旱情持续恶化，引起了各方关注。据我们了解，目前旺旺集团、顶新集团、统一企业、曲靖富盛铅锌矿有限公司等台资企业及昆明市台协已向旱情严重的云南省捐出共计146万元人民币的款物。旺旺集团除向云南省捐赠价值86万元人民币的饮料外，还将向广西、四川、重庆、贵州各捐出价值66万元人民币的饮料，集团捐赠产品总价值达350万元人民币。这还只是我们了解的部分情况。我们要借此机会向对受灾地区伸出援手的台资企业、台湾同胞表示衷心的感谢。

中央电视台《海峡两岸》记者：台企联已经成立三年了，按照章程在4月份应该要改选理事会。请问一下发言人，您对这一届台企联的工作有什么样的评价？对今后的台企联又有什么样的期许？

杨毅：台企联成立三年来，遵照办会的宗旨，为服务会员和台资企业，加强会员之间的联谊以及会员与政府部门的联系，维护会员的合法权益，促进两岸经济交流与合作，做出了积极努力和重要贡献，得到了两岸各界的肯定。

第一届台企联理事会任期快结束了，将举行换届选举。作为台企联的业务指导单位，我们希望台企联按照自己的章程和选举办法，通过公平、公正、公开、民主的程序选出新一届的理事会，带领台企联更好地为台商、台资企业服务，为加强两岸经济交流合作，推动两岸关系和平发展作出新的更大的贡献。我们将一如既往地关心、支持台企联的工作。

中央人民广播电台和你好台湾网记者：两岸经济合作框架协议议题在岛内不断升温，民进党昨天推出了所谓“ECFA 真相书”的小册子，对 ECFA 进行反制。请问国台办对此有何评论？

杨毅：我没有看过你所说的这份东西。但我前面讲过，商签两岸经济合作框架协议，目的是要建立具有两岸特色的经济合作机制，实现两岸经济上的互利双赢，这也有利于增进台湾同胞的福祉。所以，我相信这个协议的签署会得到台湾同胞的支持。

中新社记者：台湾方面有这样的一个说法，两岸共同打击犯罪及司法互助协议实施以来，台湾对大陆方面的请求都积极回应，但是大陆对台湾方面的请求回应比例不高。请问对这样的说法，发言人您怎样评价？

杨毅：我们认为，这种说法有失公允。在两岸共同打击犯罪和司法互助协议生效后，大陆方面高度重视协议的执行工作，加强与台湾方面的合作，成效显著，有目共睹。两岸警方共同打击贩毒、假币等各类跨境犯罪，联合侦破重大电信诈骗案，相互提供包括经济犯罪等犯罪情资，两岸法院也积极开展司法协助事务，相互委托送达文书，调查取证等也达到了数千件。所以我觉得这种说法是没有根据的。

台湾年代电视台记者：想请教有关世博会的问题，昨天传出上海副市长杨雄说，世博场馆因为10%的施工不及，所以无法参展。想请问发言人，对台湾馆目前掌握的状况，如果遇到类似的问题，国台办方面会提供什么样的协助？

杨毅：你说的这个消息我今天还是第一次听说。据我们掌握的情况，台湾馆的建设进展顺利。

谢谢各位，下次再见。

［发布时间］2010年4月14日
［发 布 人］范丽青
［发布地点］国务院台湾事务办公室新闻发布厅

国务院台湾事务办公室新闻发布会

2010年4月14日

4月14日上午10时，国台办在新闻发布厅举行例行发布会。发言人范丽青回答了记者提问。

范丽青：各位上午好！欢迎参加发布会。

今年大陆高校将免试接收在台湾基本学力测试中成绩达“顶标级”的台湾高中毕业生。在去年第五届两岸经贸文化论坛期间，大陆教育主管部门曾宣布，大陆高校可免试接收学测成绩达“顶标级”的台湾高中毕业生。目前，有关准备工作已就绪。自今年起，凡在台湾参加学测考试，成绩达顶标级的台湾高中毕业生可直接向大陆 123 所高校申请就读，经面试合格后即可录取。有意愿到大陆就读的台湾学生可通过大陆高校面向港澳台地区招生信息网（网址：http：//www. gatzs. com. cn）或“联招办”网站（网址：http：//www. ecogd. edu. cn），向各有关高校直接提出申请。我们欢迎台湾同学来大陆就读。

下面我愿意回答大家的问题。

新华社记者：上海世博会即将临近，我有两个问题都是关于世博会的，第一个问题，很多台湾同胞都非常希望到上海去参观世博会，大陆方面将采取哪些措施方便台湾同胞前往上海参观世博会？第二个问题，在上一次发布会上，发言人也提到说，有关台湾嘉宾出席上海世博会开幕式仪式的安排还在规划中，不知道有什么最新的进展？刘兆玄先生也提出希望届时到上海参加台湾馆的点灯祈福仪式。对此，发言人有何看法？

范丽青：上海世博会目前是众所关注，离开幕的时间也越来越近了。为了方便上海世博会期间，台湾同胞前来参观世博会以及两岸民众的往来，两岸双方可以研究在上海虹桥机场与台北松山机场之间临时安排部分包机，方便民众往来。为了方便台湾同胞进行货币兑换，交通银行也将于近期在上海开展新台币现钞双向兑换业务。上海世博会开幕式将于 4 月 30 日举行，届时将会邀请台湾各界代表人士前来共襄盛举。具体的情况可以向上海方面咨询。

厦门卫视记者：据报道，第14届海峡两岸机械电子商品交易会暨厦门对台进出口商品交易会近日在厦门举行。请发言人介绍相关情况。

范丽青：第14届海峡两岸机械电子商品交易会暨厦门对台进出口商品交易会于4月8日在厦门举行。这是海峡两岸共同主办的规模最大的机电展览会，本次参会客商超过3万人。本次台交会展位数达2547个，比去年增长了30%，其中台湾及台资企业展位达500多个，再创历史新高。据了解，本届台交会期间举办各类论坛、研讨会、推介会、说明会共22场。主题涉及两岸经贸交流、技术标准协商、产品技术推广等方面，论坛研讨会成为台交会重要内容之一。其中有一场论坛主题为“两岸经济合作框架协议的签订与海峡西岸经济区建设”，两岸专家学者和企业人士在研讨会上探讨了两岸签署ECFA的意义和作用，认为签署ECFA将有利于两岸经济互利共赢。我们希望台交会作为两岸经贸合作的重要桥梁，立足两岸、面向各界，顺应形势的发展，紧跟产业的潮流，越办越好。

台湾东森电视台记者：我们知道关于ECFA，两岸都希望在5、6月之间签署，现在已经进行了两次协商。请发言人核实，第三次的协商是不是在4月底？据说好像金融服务业也会纳入早收清单里面，是不是这样？

范丽青：正如你所说的，关于两岸经济合作框架协议的两会专家工作商谈已经举行两次了，在会上大家也达成了很多共识。关于第三次的工作商谈，双方同意加速推动商签两岸经济合作框架协议的进程，尽快在大陆进行第三次商谈。有关两岸银行业的开放，应当遵循平等互惠的原则，同时也会考虑两岸经济规模差异等因素，我们希望在两岸经济合作框架协议商谈中，能够进一步就两岸银行业相互开放的准入政策展开商谈，尽快达成一致意见，为此创造良好的条件。

福建东南卫视记者：我们都知道，“海峡两岸渔船船员劳务合作协议”已于3月21日生效，但是据报道，到目前为止还是没有两岸合法中介机构来签约，以致大陆渔工无法赴台。不知道发言人对此能否作一说明。

范丽青：根据《海峡两岸渔船船员劳务合作协议》规定，双方应在协议签署后尽快交换经营主体名单。此前，大陆业务主管部门已于3月5日将大陆11家经营主体名单通告台湾方面。台方于3月23日至4月7日期间，陆续分4批将7家台湾经营主体名单通告大陆有关方面。

大陆业务主管部门已将台湾方面的名单及联系方式通知大陆经营公司，并上网公布。台湾船主可通过两岸指定的经营主体尽快展开招收大陆渔船船员工作。

台湾年代电视台记者：想请教有关上海世博会的问题，昨天台湾馆发言人说，台湾馆定位在“国家馆”，请问国台办对此持何态度？

范丽青：在这里我想重申的是：本届世博会台湾馆的参展方是台北世贸中心。台湾方面在时隔40年之后第一次参加世博会，这是两岸关系改善和发展的成果，应该珍惜，不必做过多的政治联想。

福建海峡卫视记者：延续刚才ECFA的问题，我们知道在第二次协商的时候，两岸并没有就早期收获清单进行交换，现在大家很关注在第三次协商的时候是否会交换清单。另外，台湾最近有媒体报道说，两岸签订ECFA之后，将会造成台湾有300万的白领失业，不晓得发言人对此说法有何评论？

范丽青：第二次两会专家工作商谈主要是就两岸经济合作框架协议的货物贸易、服务贸易的早期收获计划来交换意见，双方也达成了很多共识，包括同意纳入早期收获计划的产品项目和服务业别应该考虑彼此关切，以及急迫性、必要性和较易达成协议等原则。还有大陆方面表示充分了解台湾农民的关切，在商谈中没有要求台湾方面进一步开放大陆农产品入台，在早期收获要价中，也将不会包括农产品。大陆方面也愿意在早期收获计划中，尽量不影响台湾的弱势产业和中小企业等等。这方面两会的第二次专家商谈结束以后已经发布了新闻稿，大家可以参考一下。早期收获清单以后肯定是要谈的，但目前我没有新的补充。

关于台湾方面的一些说法，应该说开放大陆资本赴台投资，是有助于台湾经济发展的，总体上是可以起到增加就业机会的作用。比如到目前为止，包括航空公司等大陆资本已经在台湾投资和设立了多家企业和办事机构，在台湾招收了包括管理人员在内的许多员工。我们相信，随着大陆资本的逐渐入岛，包括服务业在内的广大台湾白领将会获得更多的就业机会和发展空间。两岸服务业的开放需要双方来协商决定，相信不会对台湾服务业的就业造成冲击。

台湾中天电视台记者：之前媒体有报道说，在大陆方面提出超过700项的早收清单里，包括台湾的弱势及敏感产业，让台湾方面感到有点紧张。究竟这个早收清单，两岸什么时候可以获得通过？另外对于ECFA的问题，绿营准备在“5．20”前后举办反对ECFA的游行，请问发言人对此有何看法？

范丽青：我刚才提到，早收清单肯定是要谈的，但目前大家只是就早收计划一些原则深入交换意见，就一些原则达成共识。至于大陆方面所提出的早收计划有什么内容，现在双方都在商谈之中。大陆方面也承诺，在早期收获的要价中不包括农产品，而且在早期收获计划中也尽量不影响台湾的弱势产业和中小企业。商签两岸经济合作框架协议是可以促进和深化两岸的经济合作交流，有利于两岸经济的互利共赢。我相信，这是会得到广大台湾民众的拥护和支持的。

《中国日报》记者：关于 ECFA，台湾媒体报道说，国民党主席马英九和民进党主席蔡英文可能就 ECFA，也就是两岸经济合作框架协议进行辩论，大陆方面一向认为 ECFA 是惠及两岸的一件好事。请问对辩论会怎么看？

范丽青：商签两岸经济合作框架协议是两岸间特殊的经济合作安排，是一个经济协议。商签这个协议是为了适应两岸推进经济往来正常化、制度化、机制化的客观需要，是为了实现两岸经济的互利共赢。当然，对于商签这个协议，台湾社会上存在一些不同的看法，我想这也是很自然的。理不辩不明。我相信大家多做一些说服和解释的工作是有利于商签工作顺利进行的。

上海东方卫视记者：上海世博会召开在即，我们也看到两岸的民航业开始机票打折，为了方便台湾同胞来上海参观世博会。我想请问，两岸旅游部门是否还有其他的措施方便台湾同胞来参观世博会呢？

范丽青：双方可以研究，在上海虹桥机场和台北松山机场之间临时安排部分包机，以方便台湾同胞前来参观世博会和两岸民众的往来。在航空票价方面，据我了解，就两岸航线而言，原来大陆航空公司的票价在整体水平上是低于台湾航空公司的，根据两岸同胞的愿望和需求，相信大陆的航空公司也会继续进一步考虑相关问题，让两岸民众能进一步享受到两岸通航的实惠。

台湾《中国时报》记者：发言人，您好！您刚才谈到 ECFA 的辩论，理不辩不明，这说得好。万一辩论“双英会”，国民党辩输了，ECFA 下一步应该怎么做，会不会有一些因应的做法，这是第一个问题。第二个问题，您刚才公布台生来大陆就读，“顶标级”的标准，这个顶级的界定是根据大陆的界定还是台湾的界定？如果来大陆求学，学费是和大陆生一样的呢？还是有其他的安排？

范丽青：第一个问题，我不对没有发生的事情发表评论，我也不对台湾岛内自己的一些具体事务发表评论。但我们认为，根据两岸专家的共同研究和分别的研究，得出的结论都是两岸商签经济合作框架协议是有利于两岸经济的共同发展，也有利于深化两岸经济进一步合作，达到互利共赢的目的。

第二个问题，“顶标级”是台湾基本学测的标准，不是大陆方面的标准。我们承认台湾这样的标准，如果在台湾基本学测中考试成绩达到“顶标级”的台湾高中毕业生，就可以直接申请大陆123所高校就读。目前就读的收费标准，还是原来的规定。

中央人民广播电台和你好台湾网记者：最近有报道说，两岸的旅游机构，海旅会和台旅会互设办事处将在5月初挂牌运作，想请发言人介绍一下相关的情况。

范丽青：海峡两岸旅游交流协会的台北办事处和台湾海峡两岸观光旅游协会的北京办事处已经经过一段时间的筹备，现在基本已经筹备就绪，将于近期成立。经过海旅会和台旅会双方的初步商定，台旅会北京办事处将于5月4日开业揭牌；海旅会台北办事处将于5月7日开业揭牌。双方办事处的互设是根据海协会和海基会在2008年6月签署的《海峡两岸关于大陆居民赴台旅游协议》来执行，互设的办事处是旅游民间机构，职能主要是开展旅游咨询、旅游宣传、联络协调及处理旅游纠纷等非营利性业务，为两岸民众旅游观光搭建更直接、更快捷、更有效的沟通平台，为旅游者提供更加方便、快捷和周到的服务。双方办事处的设立将会有利于推动两岸旅游的交流与合作，也有利于促进两岸旅游业的共同繁荣和发展。

香港凤凰卫视记者：我们关注到上海世博会台湾嘉宾方面，郝龙斌可能会作为第一个台湾“直辖市”的市长来受到胡锦涛的接见，我们想问是不是有这样的细节安排？另外，在接待郝龙斌时，在行程安排方面会做怎样的考虑？

范丽青：在上海世博会开幕式期间，我们会邀请台湾的各界代表人士前来参加世博会的开幕式。届时，会有城市最佳实践区台北案例展馆，台北市方面的领导人，包括台北市长郝龙斌先生来参加，我相信上海世博会会作出具体的安排。

中新社记者：近日，上海市长韩正率团访问了台湾。请问您对该访问团取得的一系列成果有何评价？

范丽青：应台北市市长郝龙斌的邀请，上海市市长韩正率领上海市政府访问团，于4月6日至9日赴台进行了为期四天的交流访问，取得圆满成功。一是推动上海与台北两市进一步深化交流合作，实现制度化和机制化交流。两市还签署了文化、旅游、科技园区、环保4项交流备忘录和28项经贸交流合作协议。二是进一步宣传推介2010年上海世博会，参访团对上海世博会的介绍和重点推介，以及广泛邀请台湾各界人士和广大民众前来参观上海世博会，得到了积极回应。三是与台湾民众广泛接触，进一步密切了两岸同胞的感情。访问团前往医院、学校、书店、夜市，搭乘捷运、高铁，与台北市民一同欣赏音乐会等，有效体验市民生活，接触台湾普通民众，更多听取台湾民众的意见，拉近两岸同胞的距离，建立了两岸互动的良好模式。四是与岛内政界、工商企业界人士广泛交流，听取意见建议，为发展上海经济、推动沪台交流合作，实现双赢，营造了更加良好的氛围。

台湾《中国时报》记者：4月6日，许历农率台湾退役将领访问团来大陆访问。请介绍具体的访问行程。

范丽青：许历农先生所率领的台湾退役将领访问团的活动已经结束了一段时间了，我们也发布了新闻稿。访问团在北京期间，我办王毅主任会见并宴请了他们。全国政协主席贾庆林也会见了参访团一行。参访团也和大陆的有关方面进行了一系列的交流和座谈活动。

台湾《天下》杂志记者：您刚才介绍到大陆高校会免试接收台湾的学生。事实上，这件事从去年5月就开始谈了，但目前为止台湾一直没有承认大陆学历，此事也一直没有下文，请问目前做好准备了吗？第二，在总额的部分，你们有上限吗？因为“顶标级”学生大概有好几万人，有没有上限的数字？

范丽青：去年第五届两岸经贸文化论坛期间，大陆教育主管部门宣布有这样的考虑。经过近一年的准备，现在有关工作已经准备就绪了，因此正式公布。正式入学是从下个学年度，9月份开学进行的，但目前有关招生工作已经开始了。在台湾学测达到顶标级的台湾学生若有意愿来大陆就读，就可以直接申请，经过高校自己的面试，合格后就可以录取了。至于两岸之间，我们主张大力推动教育交流，也主张两岸的学生可以进一步到双方高校去就读，这样做有利于促进两岸学生的交流，有利于进一步拉近两岸年轻一代的思想感情的距离，为维护和促进两岸关系和平发展，更好面向未来作出一些努力。

中央电视台记者：大陆民众非常关心台湾赠送给大陆的珍稀动物，长鬃山羊和梅花鹿，请问现在山东威海准备情况怎么样？台湾方面赠送的梅花鹿和长鬃山羊何时能到山东威海呢？

范丽青：这两个宝贝一直很受人关注。根据我们的了解，梅花鹿和长鬃山羊的馆舍和配套设施建设目前还在全面进行之中，但进展非常顺利，预计在5月底，场馆的工程就会完工了。威海市将会在最近派考察组赴台湾考察，台北木栅动物园也将派员来威海考察，两岸的相关方面将共同做好接收的各项准备工作，以使台湾同胞赠送给大陆同胞的长鬃山羊和梅花鹿顺利到大陆来落户定居。今天的发布会就到这里了。谢谢大家。

[发布时间] 2010 年 4 月 28 日
[发 布 人] 范丽青
[发布地点] 国务院台湾事务办公室新闻发布厅

国务院台湾事务办公室
新闻发布会

2010 年 4 月 28 日

2010 年 4 月 28 日上午，国台办在新闻发布厅举行例行发布会。发言人范丽青回答了记者提问。

范丽青： 大家上午好。首先我向大家介绍一下台湾各界为青海玉树地震灾区提供捐助和协助救援的情况。

4 月 14 日青海玉树地震发生后，广大台湾同胞纷纷以各种方式表达关心慰问，踊跃捐款捐物，展现了血浓于水的手足情、同胞爱。在此我们向台湾同胞表示衷心感谢。

据不完全统计，截至 4 月 27 日，台湾各界同胞通过多种途径向青海玉树灾区意向捐款总额超过6600万元人民币，同时还捐赠了大量灾区急需的食品、药品、矿泉水等救援物资。上述款项和物资，已经并将继续根据灾区重建规划需要和捐赠者意愿，送到灾区人民最需要的地方。

4月14日地震发生当天，台湾海基会两度致函海协会，表达慰问及协助救援的意愿。海协会回函表示感谢。4月23日，海基会再度致函海协会，表示台湾方面将通过两会平台捐赠100万美元协助灾后重建。次日，海协会回函，再次转请海基会感谢台湾各界及有关团体对玉树灾区急难互助的同胞情谊；海基会捐款将转交有关方面用于灾后重建。

在此期间，台湾各界团体、人士也纷纷来电来函表达慰问和援助之意。根据抗震救灾总指挥部统筹安排和救援工作需要，经两岸有关方面联系协调，18日，台湾红十字组织派遣的医疗队一行20人携带药品等救灾物资抵达西宁参加救援。医疗队先后在西宁市第一人民医院和海拔3700米的格尔木市开展受灾伤员救治工作。他们克服在高原工作的各种困难，不顾疲劳、连续工作，尽心尽力抢救和医治伤员，为抗震救灾作出了宝贵贡献，受到当地政府和民众的普遍赞扬。

4 月 26 日，全国政协主席贾庆林考察灾区返回西宁时，专程看望了台湾医疗救援队成员，代表胡锦涛总书记、大陆同胞尤其是灾区群众，向台湾医疗救援队全体成员表示诚挚的感谢，并请他们向所有关心和支持抗震救灾的台湾同胞转达真诚的谢意。27 日，台湾医疗队圆满完成医疗救援任务，已全部返回。

下面我愿意回答大家的提问。

中央人民广播电台记者：据报道，台湾方面表示，落实海峡两岸渔船船员劳务合作协议，台湾目前已有中介机构与大陆的经营公司签订了劳务合作合同，依照新制雇用的大陆船员，首批将于近期抵台。请问这是否标志着两岸渔船船员劳务合作规范管理有了一个好的开始。

范丽青：据了解，目前大陆经营公司与台中介机构已签订了近海及远洋等 22 项劳务合作合同。按照新制雇用的首批 37 名大陆渔船船员于 4 月 26 日赴台。至 4 月底，还将有 100 多名大陆渔船船员陆续赴台。两岸渔船船员劳务合作进入了规范管理的新阶段，将有助于保障渔船船员及船主的正当权益，推动两岸渔船船员劳务合作健康发展。

中国台湾网记者：湖北省委书记罗清泉日前访问了台湾，能否请您简单介绍一下此行取得了哪些成果？

范丽青：应国民党中央邀请，湖北省委书记罗清泉于4月19日至26日率团赴台访问。代表团访台期间，成功举办了“台湾湖北（武汉）周”，向台湾同胞介绍了湖北产业特点、资源优势和文化特色，在信息科技暨光电子产业、农业、中医药、科技、教育等领域与台湾企业家和工商团体进行了座谈交流，共计42场次。湖北省企业也在这次赴台投资考察和采购洽谈中，就32个项目达成采购合作协议，采购总金额为5.9亿美元。“台湾湖北（武汉）周”期间，还举办了《荆风楚韵》等文化展演活动，加深了台湾同胞对湖北的了解。罗清泉书记一行还走访了台湾中小企业和基层农户，了解生产经营情况。此次代表团成功访台，有利于进一步促进鄂台经济、文化、旅游、教育等领域的交流合作，促进两地民众的相互了解，密切同胞感情。

厦门卫视记者：有消息说，福建省省长黄小晶将于5月初率团到台湾去访问，请您予以证实，并介绍相关情况。您怎么看待各个省加强与台湾交流？

范丽青：应台湾“国政基金会”邀请，福建省省长黄小晶将于2010年5月5日至10日率团赴台交流。黄小晶省长此次赴台交流，将举行闽台宗亲交流和姓氏族谱展、妈祖文化展等活动，还将举办论坛，推进闽台经贸合作、双向投资。黄小晶省长这次访台，用一句话概括就是“走亲访友做生意”（闽南语）。

至于各个省加大了对台交流的力度，这当然有助于进一步提升两岸交流的水平，促进两岸同胞的相互了解，进一步推动两岸关系和平发展。

新华社记者： 第一个问题，日前看台湾媒体的一些报道，人民币现钞在台湾出现供不应求的情况。台湾方面表示说，关于两岸货币清算机制协商已经进行到最后的阶段，未来将由大陆银行直接供应人民币。请问大陆方面对此持何态度？第二个问题，全国人大常委会这两天在审议关于台湾同胞投资保护法执法检查的报告。我想问的是，这部法律和它的实施细则颁布实施已经很多年，时空背景的变化比较大，尤其是这两年两岸进入到大交流、大合作的时代，未来会不会考虑修法，在修法过程当中纳入更多两岸双向交流各方面的内容和一些惠台举措、政策，另外两会重要的协议会不会纳入其中？

范丽青： 关于您的第一个问题，我们赞成两岸就建立货币清算机制问题进行协商。根据2009年4月海协会与海基会签署的《海峡两岸金融合作协议》，现阶段优先处理现钞兑换、供应及回流业务问题。目前两岸有关方面正在就人民币供应与回流相关技术细节进行沟通，争取尽快妥善解决。

关于您的第二个问题，前两天全国人大常委会副委员长严隽琪已经在十一届全国人大常委会第十四次会议上作全国人大常委会执法检查组关于检查台湾同胞投资保护法实施情况的报告，这个报告已经上网公布了，报告的细节大家可以在网上查询一下。台湾同胞投资保护法已经颁行了15年，配套的实施细则也已经颁行了10年，各地方、各部门在贯彻实施台湾同胞投资保护法，依法维护台湾同胞合法权益方面做了大量工作，付出了很多努力，取得了积极成效。因此我们也可以看到，大多数台湾同胞都对两岸关系未来发展以及大陆投资前景充满信心。这次全国人大常委会副委员长华建敏、严隽琪，先后率执法检查组赴上海、福建、广东、江苏等地，就台湾同胞投资保护法的贯彻实施情况进行了检查，在检查报告中提出了未来进一步做好台湾同胞投资权益保护工作的建议。主要有五点，包括：从推动两岸关系和平发展的高度来进一步认识台湾同胞投资保护工作的重要意义；进一步健全台湾同胞权益保障的机制，加强机制建设，形成工作合力；以两岸商签经济合作框架协议为契机，推动两岸经济关系正常化和机制化，为台湾同胞投资大陆创造更广阔的空间；引导台商加强自我管理，依法履行社会职责，促进台资企业健康发展；进一步修改完善法律法规，为台湾同胞投资权益提供更加完善的法制保障。在完善法律法规方面，有关方面已经启动了台湾同胞投资保护法实施细则的修订工作，目前有关工作在紧锣密鼓地进行当中，争取尽快完成修法，早日颁布实施，以便适应新的形势为台湾同胞在大陆投资提供更好的保障。

台湾中天电视台记者：据悉，连战、吴伯雄、宋楚瑜从今天开始会陆续抵达上海参观世博，在5月中旬，刘兆玄也会到。想请问发言人，目前大概所掌握到的还有哪些台湾的各界人士受邀？胡锦涛总书记和王毅主任会不会安排与他们会面？

范丽青：从4月20日开始，上海世博园区进行了试运行，台湾馆、城市最佳实践区台北案例馆、震旦馆都参加了试运行，参加世博会商业服务的台资企业也参加了试运行。据了解，试运行进展顺利，情况良好。

上海世博会自筹办以来，得到了台湾各界的广泛关注与热情支持。这次上海世博会组委会邀请了中国国民党荣誉主席连战、吴伯雄，亲民党主席宋楚瑜等100多位台湾各界嘉宾出席世博会开幕活动。届时胡锦涛总书记将会抽时间会见他们中的主要代表性人士。

福建海峡卫视记者：我们注意到岛内一些媒体非常关注陆生赴台的问题，我们也了解到，一些大陆的考生也非常希望能够了解到有关赴台就读的信息。请问发言人对于民进党一再阻挠陆生赴台有什么看法？

范丽青：关于陆生赴台，多年来，我们一直主张并积极推动两岸教育交流与合作。大陆教育主管部门在2006年已经单方面认可台湾教育主管部门核准的台湾高等学校的学历，又于2007年宣布欢迎台湾高校来大陆招生，并对大陆学生赴台就读提供必要的协助。我们是欢迎台湾学生来大陆就读的，当然也希望台湾有关方面能够制定一些有利于发展两岸教育交流与合作的政策和措施，希望两岸教育交流与合作的步伐能够迈得更大一些。

中央电视台《海峡两岸》记者：请问有关大陆游客在台湾旅游安全方面的问题。我们注意到，近日来，大陆游客在台湾旅游接连发生事故，包括车祸、撞船，还有因为金门大雾导致大陆游客在金门机场滞留四天，引发冲突等多起事件。请问发言人，两岸应该如何避免今后再发生类似事件，事发以后有没有妥善处理的应急机制呢？另外，我还想再追问一个问题，大陆居民赴台旅游，据说今年会有大幅度增加，请问发言人您的预期是怎么样的？

范丽青：自从2008年7月大陆居民赴台旅游开展以来，总体态势是好的，总体服务质量也是好的。近期的确是发生了一些事情，这些事件有的涉及旅游安全，也有的涉及了天候条件等客观因素的影响。我们一直非常重视旅游安全问题，并制定了相关法规，要求大陆的组团社严格执行。同时也希望台湾有关方面加强安全防护工作，消除旅游安全事故隐患。至于因天候影响导致游客滞留引发了冲突的事件，我们希望大陆组团社和台湾的地接社加强信息沟通和应变准备，做好受影响游客的应急安置工作，共同努力，保障大陆居民赴台旅游健康平稳发展。

根据初步统计，今年1至4月，大陆居民赴台旅游的人数将会突破40万人次，比去年同期翻一番，这是两岸旅游业界共同努力的结果。对于今年全年大陆居民赴台旅游人数能否再创新高，我们也很期待，希望两岸旅游界和相关业界能够通力合作，共同努力，取得更大进展。

你好台湾网记者：延续刚才台湾同胞投资保护法的问题，在人大执法检查中发现了一些因为两岸关系变化而产生的具体问题，国台办与有关部门也是随时发现随时解决，比如广东台胞往返香港的通行证问题，国台办会同有关部门出台了新的措施。我想了解还有没有其他的一些具体问题和具体措施？

范丽青：全国人大执法检查的报告已经上网公布，细节方面我建议你还是参考一下报告内容。对于台湾同胞投资保护法的执法，我刚才也介绍过了，各地各部门都做了相当大的努力，也做了很多工作，取得了积极成效。至于哪些方面存在问题，这次执法检查组已经进行了了解，关于今后继续努力为台湾同胞在大陆投资提供更好的保护方面，检查组也提出了建议，有待全国人大常委会审议通过之后，各地各部门抓紧落实。

台湾 TVBS 记者：发言人你好，日前台湾举行了 ECFA“双英”辩论，在辩论结束之后，民进党民调中心表示有 60% 的民众认为台湾应该暂缓跟大陆签订 ECFA，请问发言人对这个数据有什么样的看法？

范丽青：关于辩论，我们看到了有关报道。我还是要强调，两岸商签经济合作框架协议有利于进一步深化两岸经济合作，实现互利双赢，共同发展，造福两岸同胞，我们相信广大台湾同胞会支持的。

《法制晚报》记者：明年是辛亥革命一百周年，最近有报道说两岸都有相关的纪念活动，请问两岸是否会举行联合性的纪念活动？

范丽青：大陆每年都有纪念辛亥革命的相关活动，

明年的纪念活动有关部门也正在筹划之中。

台湾《联合报》记者：我想问一个关于ECFA的问题，上次商务部说4月底要举行第三次两会专家工作商谈，可是现在好像没有什么消息，这两天会不会举行第三次专家协商？如果这两天没有举行，往后延的话，会不会影响两岸在5、6月签署ECFA的日程？会往后延吗？问题在哪里？是双方有些问题没有办法达成共识吗？

范丽青：关于两岸经济合作框架协议第三次两会专家工作商谈的具体时间，两会协商确定后会及时公布。

香港《文汇报》记者：近期“蒋介石与近代中国国际学术研讨会”举行，请问对此有何评价？

范丽青：我也看到了一些报道。对于历史人物和历史事件，很多学术研究机构一直在进行研究。

今天的发布会就到这里，谢谢大家。

[**发布时间**] 2010 年 5 月 12 日
[**发 布 人**] 杨 毅
[**发布地点**] 国务院台湾事务办公室新闻发布厅

国务院台湾事务办公室
新闻发布会

2010 年 5 月 12 日

5 月 12 日上午 10 时，国台办举行例行发布会。发言人杨毅首先发布了两项便利台湾居民来往大陆及在大陆工作、生活的惠台措施，然后回答了记者提问。

杨毅：各位上午好。在回答各位的提问之前，先发布两则消息。

为进一步方便台湾居民来往大陆及在大陆工作、生活，公安部决定自 5 月 25 日起，授权广东省公安机关出入境管理部门为在大陆的台湾居民补发、换发 5 年有效台胞证。台湾居民在大陆期间因证件遗失、损毁或有效期届满、签注页即用完等申请补发、换发台胞证的，广东省公安机关可予受理、审批、签发5年有效台胞证。

第二则消息，从5月25日起，公安部授权天津市、浙江省、山东省公安机关出入境管理部门在天津、宁波、济南机场设立台湾居民口岸签注点，为事先未办妥入境证件或签注直抵口岸的台湾居民办理证件、签注。

近年来，大陆公安部门出台了一系列便利台湾居民来往大陆的政策措施。加之上述两项政策，公安部已先后授权福建、江苏、浙江、北京、上海、天津、重庆、广东8省市公安机关为在大陆的台湾居民补发、换发5年有效台胞证；先后设立福州、厦门、海口等23个台湾居民口岸签注点为事先未办妥入境手续直抵口岸的台胞办理证件、签注。

随着两岸关系和平发展的深入和两岸人民大交流局面的形成，来大陆投资、旅游、工作、学习和生活的台胞越来越多，我办将会同公安出入境管理部门，本着以人为本的原则，从台湾居民来往大陆的实际需要出发，不断改进和完善台胞出入境管理制度，为台胞来往大陆创造更加便捷的环境，提供更加优质的服务。

下面我愿意回答各位的提问。

台湾TVBS记者：关于ECFA第三次协商，台湾昨天传出最新的消息，好像日程上会有所延宕，是不是早收清单的部分双方的分歧比较大，请发言人做一个说明。

杨毅：两岸并没有就 ECFA 第三次协商确定日期，何来推迟之说？据我了解，协商是有进展的，双方都在进行积极的努力。

厦门卫视记者：上周两岸互设了旅游办事处，您对此有何评价？另外，大陆方面把开放大陆居民赴台旅游的区域扩大到了 31 个省市，意味着有越来越多的大陆居民会到台湾旅游，也有人希望尽快开放赴台的自由行和个人游，请问自由行会在什么时候正式开放？

杨毅：海旅会和台旅会分别在对岸设立办事机构，我觉得这是一件好事，有利于促进两岸双向旅游的健康发展，为两岸民众旅游提供服务和方便。

你提到的第二个问题，国家旅游局邵琪伟局长在台北讲了“要认真研究”，我认为这是一个十分积极的讯息。大陆居民赴台旅游采取团进团出的方式，这是由两会签订的关于大陆居民赴台旅游的协议规定的。所以，开放大陆居民赴台个人游也应该在条件成熟的情况下，由两岸协商，通过试点，逐步推动。

中国台湾网记者：最近看到新闻说，四川省委书记刘奇葆将于近日率团访问台湾，能否请您简单介绍一下他们此行的相关情况？

杨毅：应中国国民党中央邀请，中共四川省委书记刘奇葆将于5月23日至28日率团赴台展开以“参访致谢、交流合作”为主题的“天府四川宝岛行”活动。在台期间，访问团将会晤台湾各界人士，表达对台湾各界援助“5.12”四川地震灾区的衷心感谢，交流灾后重建经验；访问团将考察台湾企业、交通设施，与基层民众互动交流，并举办经贸合作论坛、教育合作研讨、成都大庙会、四川少数民族歌舞演出等一系列川味浓郁、丰富多彩的交流活动。

福建海峡卫视记者：日前福建省省长黄小晶率团访问台湾，可否请发言人介绍一下此次访台取得的主要成果？另外，此次访台正值海西建设规划实施一周年，可否请您介绍一下海西建设规划实施这一年来对于海峡两岸的经贸合作取得的成果有哪些影响？

杨毅：福建省省长黄小晶率福建省经贸文化交流团于5月5日至10日赴台交流访问，以“走亲访友做生意”为主题，广泛接触台湾各界人士，深入探讨闽台合作发展，密切了亲情、宣传了海西、深化了交流、促进了合作，访问取得圆满成功。

在台期间，访问团发挥福建与台湾的“五缘”优势，行程从台北到台中、台南、高雄等地，看望福建祖地乡亲，接触乡村基层民众，举办妈祖情缘系列活动，启动福建居民台湾乡村游，举办闽台族谱展，召开特色乡镇交流大会，促成闽台208个特色乡镇结成对子。台湾乡亲踊跃参加交流，现场互动热烈。访问团还举办了两岸合作与发展——闽台先行先试论坛，推介海西建设规划，推出闽台合作先行先试举措，引起台湾社会广泛关注。访问团此行与台湾有关方面就闽台合作达成多项共识：推动20多家福建企业赴台投资或设立办事处，其中8家挂牌开业；推动采购一批台湾产品特别是农产品，还应台南乡亲的要求，扩大了在台南的采购；开通厦门至高雄的客滚航线；在闽台经济、文化、教育、旅游、金融、港区等方面达成数十项合作协议，为进一步深化闽台交流与合作奠定了基础。

国务院颁布《关于支持福建省加快建设海峡西岸经济区的若干意见》已经一周年了，在这个意见里，国务院明确赋予海西经济区“两岸人民交流合作先行先试区域”的战略定位，这为两岸经济的交流、各方面的合作搭建了一个新的平台。我们希望台湾各界抓住这个商机，加强与海西的合作。

台湾三立电视台记者：根据路透社最近对民进党主

席蔡英文的专访，提到蔡英文表示，民进党不排除组团到大陆来，跟大陆方面展开对话，但这个信息后来又被民进党方面否认了，请问发言人对这件事情有什么看法？

杨毅：我们注意到蔡英文女士近期有关与大陆对话的言论。两岸关系和平发展是大势所趋。我们希望民进党能够真正认识到，不放弃“台独”主张是没有出路的，也是不符合台湾同胞根本和长远利益的。对于两岸民间机构和人士就改善和发展两岸关系交换意见，我们一如既往地鼓励和欢迎。

中央人民广播电台和你好台湾网记者：据报道，日前台湾的“泰源227号”渔船遭索马里海盗劫持，请问发言人，大陆方面对此会提供哪些协助？请介绍目前的进展情况。

杨毅：我们高度关注台湾被劫渔船“泰源227号”及船员的安危，密切关注事件进展。目前大陆相关单位正积极联络有关方面进一步了解情况，核实信息。大陆方面将根据台湾船东的要求尽力提供协助。

中央电视台《海峡两岸》记者：第一个问题，上海世博会开幕以来交通银行在上海开办了新台币的双向兑换业务，以方便台湾同胞，受到台湾同胞欢迎，也有台胞提出希望能进一步增加兑换网点。请问是否会对此采取进一步措施？第二个问题，根据海协会、海基会两会的制度化协商，今年上半年的两会领导人商谈将在大陆进行，目前准备情况如何？

杨毅：第一个问题，交通银行上月在上海开办新台币双向兑换业务，确实给来上海的台湾同胞提供了方便，受到了台湾同胞的欢迎。我愿在此告诉各位，中国银行、中国工商银行、上海浦东发展银行和上海银行的有关分支机构也将于近期在上海开办新台币双向兑换业务。上海可兑换新台币的网点数量将大幅增加，相信会为台湾同胞提供更多的方便。

第二个问题，第五次两会会谈的时间还要由两会来商量决定，确定后很快就会告诉你们。

新华社记者：有两个问题。第一，我们看到一些报道，关于两岸直航航班数量不足的问题有望在近期得到缓解，请问发言人两岸有关方面是否对此进行了协商？请介绍一下有关情况。第二，因为两岸旅游行业的民间组织已经互设了办事处，您觉得未来两岸其他行业的民间组织是否也会陆续设立相关的办事处？

杨毅：两岸航空运输民间行业组织将于近期举行工作协商，推动解决两岸民航界共同关心的问题，包括增加直航航班的问题。我们希望通过双方专业务实的沟通，为两岸空运直航创造一个更有利的环境，为两岸同胞提供更多的便利。

你提到的第二个问题，两岸其他行业的民间组织是否也会设立类似的办事机构，我想如果有需要，双方可以商量。

中央人民广播电台和你好台湾网记者：关于两岸旅游的问题。日前，西藏等六省区被列入了第三批开放大陆居民赴台旅游的区域，但是我们注意到，这六个省区都还没有两岸直航的航点，请问将来是否会考虑在这些省区设立两岸直航的航点呢?

杨毅：我前面讲到两岸航空运输民间行业组织很快将举行工作协商，我想相关问题都可以提出来讨论。

香港凤凰卫视记者：我们看到最近有报道说，马英九接受《华盛顿邮报》专访表示，两岸关系已达到一种运作无碍的“现状”，大陆在口头上搁置对统一的要求，台湾淡化“独立”主张，彼此致力于维护和平。请问发言人对此有何评论?

杨毅：我愿在此重申，反对“台独”、坚持“九二共识”是两岸关系改善、发展的政治前提。我们将以最大诚意、尽最大努力争取实现祖国和平统一，这是我们一贯的立场和明确的目标。

台湾年代电视台记者：我们知道台湾的吴清基先生前天曾经公开表示说，陆生来台之后如果跟台湾人结婚的话，要马上送回去，不知道国台办方面怎么看？

杨毅：我们一贯主张并积极支持两岸加强教育交流和合作。2006 年大陆的教育主管部门已经单方面正式认可了台湾教育主管部门核准的台湾高等院校的学历，2007 年又宣布欢迎台湾的高校来大陆招生。我们也希望台湾方面在承认大陆学历、开放陆生赴台方面，尽早迈出实质性的步伐，并为大陆学生赴台学习、生活创造良好的环境和便利的条件，维护他们的正当权益。

台湾中天电视台记者：请问 ECFA 的协商，你刚才提到双方都还在努力，但是第三次的协商还没有具体的日程出来，请问是不是真的有可能正如台湾方面之前所希望的六月份的时候签署 ECFA 呢？

杨毅：第三次协商什么时候举行，我想双方准备好了就可以举行。至于什么时候签署协议，我们多次讲过，这要根据协商的进展情况来确定，双方共同努力。

深圳报业集团记者：延续刚才的问题，台旅会和海旅会相继在两岸分别挂牌，随着两岸双向旅游的不断发展，台旅会是不是有可能在大陆的其他重要旅游城市，比如深圳也实现挂牌呢？

杨毅：看来大家对旅游很感兴趣。因为海旅会在台北设立办事处，台旅会在北京设立办事处，都刚刚挂牌不久，是否有需要在其他地方设置办事机构，一是要看业务的需要，第二也需要双方来协商。

《法制晚报》记者：19 日马英九先生将举行上任两周年的记者招待会，并发表演说，请问您是否关注他即将进行的演说？您如何评价他上任两年来两岸关系的发展？

杨毅：当然关注。2008 年 5 月以来，经过两岸双方的共同努力，两岸关系保持着良好发展势头，给两岸同胞带来了实实在在的利益。我们希望双方继续共同努力，推动两岸关系和平发展不断向前迈进，造福两岸同胞，造福中华民族。

中新社记者：在两岸有关部门的支持下，大陆一些地方出现了“台湾街”，请问“大陆街”是否有可能在台湾出现？

杨毅：我想有可能。

各位，今天是四川汶川地震两周年。两年前的今天，一场突如其来的灾难降临到汶川。台湾同胞立即行动起来，积极伸出援手，此情此景，至今历历在目，令人感动。我想，不管是两年前的汶川大地震，还是今年的青海玉树大地震，还是去年台湾“莫拉克”风灾，当同胞遇到困难的时候、遭遇自然灾害的时候，两岸同胞都是及时伸出援手，捐款捐物，出钱出力，帮助同胞重新站起来。这种精神比金钱、比物质更为宝贵，必将成为两岸同胞共同推动两岸关系和平发展，共同致力于中华民族伟大复兴的强大动力。今天借此机会，希望通过各位媒体的朋友，再次转达我们对台湾同胞援助汶川大地震灾区的衷心感谢。

我们下次发布会再见。

[发布时间] 2010年5月26日
[发 布 人] 杨 毅
[发布地点] 国务院台湾事务办公室新闻发布厅

国务院台湾事务办公室新闻发布会

2010年5月26日

5月26日上午，国台办举行例行发布会。发言人杨毅首先介绍了第二届海峡论坛筹备工作进展情况，然后回答了记者提问。

杨毅：各位早上好。海峡论坛组委会近期已分别召开第二届海峡论坛两岸主办单位会议，充分听取各方意见，论坛的筹备工作正在有序进行。借这个机会，我向各位报告一下论坛的活动安排。

第二届海峡论坛将于6月18日至19日开始预热活动。19日晚上举办论坛的开幕式暨综艺晚会。20日上午举行海峡论坛大会。在接下来的20日至25日将举办一系列活动，包括海峡青年论坛、两岸县市工会论坛、海峡妇女论坛、两岸空中直航圆桌会议、两岸金融合作与发展研讨会、平潭旅游开放开发研讨会、海峡影视展映展播周、海峡27城市新闻出版业发展论坛、两岸中医药发展与合作研讨会、海峡两岸合唱节、两岸客家高峰论坛、朱子文化节、两岸少数民族联谊、海峡两岸体育交流大赛、两岸乡镇对口交流会、海峡两岸科技与经济论坛、两岸大学生职业技能大赛、两岸关心下一代成长论坛等20多场活动。论坛主会场设在福建省厦门市，系列活动将在福建各设区市举办。

第二届海峡论坛着眼于扩大两岸民间交流，突出海西先行先试，围绕两岸民众共同关注的议题，开展多界别、多形式的交流活动，进一步突出海峡论坛的民间性、大众性、广泛性，扩大邀请台湾基层民众、中南部乡亲、少数民族同胞和民间社团人士参加，进行基层各界别对口联谊，促进两岸基层交流常态化。本届论坛比首届论坛新增10个交流界别，规模预计将超过万人。

海峡论坛的举办为两岸关系和平发展注入了新的活力。第二届海峡论坛召开在即，我们热忱欢迎广大台湾同胞前来参加，共襄盛举，也欢迎各位媒体朋友前往采访报道。

下面我愿意回答各位的提问。

台湾三立电视台记者：请教发言人，有关于台资企业深圳富士康集团连续发生 11 起员工坠楼事件，在台湾跟大陆都引起了相当大的关注，对于台资企业频频发生这种事件，国台办有何看法，接下来有什么方法可以进一步防止这样的意外再度发生？

杨毅：我们对富士康公司接连发生员工坠楼事件深表遗憾和痛惜。人的生命是最宝贵的。大陆各级政府对接连发生的坠楼事件高度重视，当地政府、有关部门已组成工作组进入富士康，督促、协助企业查找原因，采取切实有效的措施，做好善后和预防工作。国台办将密切配合当地政府和有关部门，认真做好相关工作。

福建海峡卫视记者：一个旅游方面的问题，最近台旅会的杨瑞宗主任在接受媒体采访的时候就表示说，台湾对于相关的旅游产品没有进行特别的限制，对于大陆居民比较关注的赴台自由行问题，台湾方面机制完善，并且做好了迎接的准备，请问发言人，大陆方面近期有没有可能就自由行问题与台湾方面展开协商？

杨毅：上次发布会我已经讲了，关于大陆居民赴台旅游自由行的问题，大陆有关主管部门已经表示，正在认真研究。

深圳卫视记者：近日台湾有消息称，七、八月份海协会陈云林会长将带采购团到台湾的高雄进行采购，不知道这个消息是否属实，请发言人予以证实。

杨毅：促进两岸交流是海协会和海基会共同的重要职责，两会组织互访交流活动，有利于扩大两会交流，增进两岸的沟通和了解。自2008年6月恢复接触、商谈以来，两会每年都组团互访。在协商本年度两会交流互访规划时，海协会考虑在时间、条件合适的情况下，组织海协会企业界理事赴台湾进行投资环境的考察，不涉及产品采购。具体时间，两会正在协商中。至于陈云林会长是否会率团，我想不排除这种可能性。

中央人民广播电台记者：据报道，台湾文化总会会长刘兆玄日前表示，两岸将建立“中华语文云端资料库”，详细的情况能不能请发言人介绍一下。

杨毅：为落实第五届两岸经贸文化论坛《共同建议》中提出的“鼓励两岸民间合作编纂中华语文工具书”的建议，逐步缩小两岸语言文字使用的差异，方便两岸民众交流往来，今年3月30日，两岸专家学者在北京就合编中华语文工具书进行了工作会商，达成三点共识：一是用1到2年的时间，尽快编纂出一本《两岸常用词汇词典》；二是合作编纂中型语文工具书——《中华语文大词典》；三是推动建构“中华语文云技术数据库”（台湾方面称为“中华语文云端资料库”）。两岸专家还就实现三项工作目标所需要的时间安排、工作机制以及词典的编纂思路等方面达成一致。我了解的情况，6月下旬大陆有关专家学者将赴台进行中华语文工具书编纂工作第二轮会商，对建设“中华语文云技术数据库”的技术性问题与台湾方面的专家进一步交换意见。

台湾《旺报》记者：第三次ECFA的协商一般都说5月会进行，现在5月只剩几天了，到底是什么时候？另外，台湾方面“行政院公投审议委员会”明天会办理ECFA“公投”的公听会，6月3号会决定这个ECFA“公投”案会不会成案，请问发言人对台湾方面的“公投”案有什么评论？

杨毅：迄今为止，两会专家共进行了两次工作商谈，每次商谈都有明显进展，双方在大部分问题上已经达成共识。ECFA是一个综合性经济协议，涉及的面很广，能在短时间取得如此进展实属不易。我们对双方谈判团队为此付出的努力和辛劳充分肯定。至于早期收获计划，双方都认可应遵循“快、易、少”的原则。早期收获计划只是框架协议实施的第一步，不可能一次解决所有企业关心的问题。本着循序渐进的原则，在协议生效后，双方还可以尽快开展货物贸易以及服务贸易协议的协商，以解决未能纳入早收计划的产品降税及服务业市场开放问题。在迄今进行的早期收获计划商谈中，大陆方面从两岸经济规模的差异考虑，认真履行了我们的承诺，无论是在受惠金额还是比例上，大陆都将明显少于或低于台湾。我们不仅做到尽量不影响台湾弱势产业和中小企业，而且还主动为台湾弱势产业及中小企业进入大陆市场提供了方便和优惠。另一方面也应看到，台湾产业有很强的竞争力。近日瑞士洛桑国际管理学院公布了 2010 年世界竞争力排名，台湾企业竞争力已排第 3 位，可见台湾也有台湾自身的优势。我想这方面的因素在商谈中也应加以综合考量。目前，两岸两会的专家正在加紧准备第三次工作商谈，争取在第五次两会会谈时签署协议，从而为两岸同胞谋取更大的利益和福祉。双方的目标是一致的。

第二个问题，两岸经济合作框架协议完全是一个经济协议，在这个问题上，不应进行政治操作。

厦门卫视记者：台湾赠送给大陆的长鬃山羊和梅花鹿在大陆安家落户一事是否有了新的进展？它们什么时候能够在新家落户呢？

杨毅：山东威海森林公园传来的消息，有关长鬃山羊和梅花鹿的馆舍以及相关配套设施在这个月的中旬已基本建设完毕。刘公岛我没有去过，但据去过的人说，这个地方环境优美，空气清新，景色怡人，很适宜人类居住，我想一定也会适合长鬃山羊和梅花鹿居住。威海方面的专家已经在这个月的中旬到台湾进行了考察，台北木栅动物园的专家也将来威海考察，双方单位将认真做好相关的接收准备工作，以使台湾同胞赠送给大陆同胞的长鬃山羊和梅花鹿能够在大陆的新家落户安居。至于具体时间，双方可以再商量。

台湾东森电视台记者：我还是针对富士康的事情提问。我们都知道，富士康的老板不但是台湾首富，这个企业在大陆也算是最大的台资企业，现在接二连三发生这种事情，我想了解，如果查明是企业自身问题而造成的，大陆方面会不会有一些惩处或者处分富士康？第二，如果这个事情慢慢再延伸的话，会不会影响到两岸的经济交流，甚至于会不会影响到 ECFA 的签署？

杨毅：第一个问题，刚才已经讲过了，大陆各级政府的职责是督促、协助企业尽快查明原因，采取切实有效的措施，做好善后和预防工作。

第二个问题，我想不会。

福建东南卫视记者：第一个问题，请介绍上海世博会期间举办台北文化周的相关情况。第二个问题，我们了解到海峡两岸民间航运组织的代表这个月在台北进行了一个会商，会后透露两岸的定期航班每周要增加 120 班，包括客货运，我们知道这是个利好的消息，但是我们也知道北部的航线过于密集一直是两岸增加空中航班的一个瓶颈，不知道在接下来的进一步沟通中会不会包含开辟新航路的协商？开放“海峡中线”问题会不会包含在内？

杨毅：作为去年在台北举行的“两岸城市艺术节——上海文化周”的回访项目，在上海世博会期间，由中华文化联谊会与上海市政府、台北市政府共同主办的“两岸城市艺术节——台北文化周”系列活动，将于今年 6 月 3 日至 28 日举办。文化周期间，台北市立交响乐团、台北市立国乐团、优人神鼓、国光剧团等将进行精彩演出，还将举办台北电影周、台北花博会户外展、双城文化论坛等一系列文化活动。

第二个问题，两岸航空运输民间行业组织在台北进行工作商谈，取得了一系列的进展。为了方便两岸同胞的往来和出行，大陆民航方面在热门机场流量趋于饱和、航线紧张的情况下克服了很大的困难，作出这项安排，应该说是尽了很大的努力。特别是我认为开通虹桥和松山的定期航班，这是个重大的进展。当然我们也知道，加上目前新增加的每周100个客运航班，每周370个航班，对于每年往来两岸500多万人次的数字来讲还是不够的。所以双方相关的民间行业组织下一步还可以就此继续探讨，看有什么办法能够开辟更多的航线，进一步满足两岸老百姓的出行需求，比如你刚才提到的开辟新航线的问题，我看都可以讨论。

中国台湾网记者：据了解，浙江省省长吕祖善近期将率团赴台参访，请发言人透露一下他此行主要有哪些安排？

杨毅：浙江省省长吕祖善将率团于6月9日至16日赴台进行主题为“探亲访友、交流沟通”的参访活动。访问团在台期间，将举办“2010浙江·台湾经贸与文化合作交流活动”，开展浙台在金融、农业、旅游、文化、教育等各方面的合作对接，举办良渚文化展、浙版图书展、大学生海报展等一系列展览活动；考察借鉴台湾在绿色环保、救灾应急以及基层公共服务等方面的做法，此外访问团还将深入社区、乡村、企业，与基层民众互动交流。

中央电视台《海峡两岸》记者：我想问一个有关两岸文化交流的问题，大家关心的推动两岸合展“富春山居图”一事，两岸有关单位现在有没有进行具体的沟通，目前进展如何？如果有可能合展的话，预计何时能举办？

杨毅：台北故宫博物院希望商借藏于浙江博物馆的“富春山居图”的“剩山图”卷到台北，与台北故宫博物院所藏“富春山居图”的“无用师卷”合璧展出，两岸有关文博机构已就此事初步交换意见。我们认为，两岸合办高水准的文物展览，有利于两岸同胞共享中华民族文化遗产，增进对中华优秀传统文化的认知。实现“富春山居图”合璧展出也是两岸同胞的共同愿望，所以我们期待实现这一两岸文化交流上有重要意义的盛事，对此乐观其成。

新华社记者：刚才您提到的浙江团下个月去台湾，据我所知还有广西团也要去台湾。我们最近看到，大陆地方对台交流非常热络，领衔官员的层级也比较高，请您评价一下这一现象。还想请问，国台办对大陆地方对台交流有没有统筹的规划？

杨毅：诚如你所讲的，近年来有一些地方省市主要负责人先后率团赴台访问。我们认为在两岸关系发展的新形势下，这些访问增加了两岸交流的内容，提升了两岸交流的层次，扩大了两岸同胞的交流和沟通，也为台湾同胞带去了一些实实在在的利益，我们觉得这是很好的一件事，是两岸大交流的一个具体体现。

你好台湾网记者：据了解，清华大学台湾研究所与台湾中华两岸企业发展协进会将在6月中旬举办“首届两岸中小企业发展论坛”，请发言人介绍一下此次论坛的相关情况。

杨毅：清华大学台湾研究所和台湾中华两岸企业发展协进会将在6月14日至16日在河北磁县共同举办“两岸中小企业发展论坛”。论坛将围绕两岸中小企业合作发展的机遇与展望、ECFA与两岸经济合作发展新趋势等议题进行深入研讨。据悉，来自两岸的有关专家学者、中小企业负责人和工商团体代表300余人将出席论坛。国务院台办经济局、工信部中小企业司以及台湾财团法人两岸共同市场基金会将应邀作为此次活动的指导单位。主办单位欢迎大家前去采访。

中新社记者：据报道，台湾方面日前表示，不会参与大陆举办的辛亥革命展览，并且强调两岸是各办各的，对此您有何评论？

杨毅：举办纪念辛亥革命活动有利于促进两岸同胞共同致力于中华民族伟大复兴。大陆每年都举办纪念辛亥革命的相关活动，明年是辛亥革命100周年，届时将按惯例举行隆重的纪念活动。对于两岸同胞共同举办相关纪念活动，我们表示支持。

《法制晚报》记者：前一阵子有媒体报道说两岸沟通的时候，除了两会之外还有秘密渠道，请问您对此如何评论？

杨毅：很抱歉，我没有这方面的信息。

台湾东森电视台记者：还是两个问题。第一个问题还是关于富士康，如果再发生这样的事情，大陆方面会不会介入调查，甚至于惩处？大陆会不会调整今后台商在大陆投资的一些方法或者策略？第二个问题，我们知道之前在台南王定宇推海协会副会长张铭清的案子已经定谳了，王定宇被判刑 4 个月，请问国台办对这个案子有何看法？我们的好朋友张铭清对此案有何看法，是否会上诉？

杨毅：我还是要重申，当前政府部门要做的就是督促、协助企业尽快查明原因，做好善后和预防工作。我们继续欢迎、鼓励台湾企业来大陆投资，我们也希望相关企业更多地关心员工。

第二个问题，我想我不方便代表张副会长来回答这个问题。但是我想讲的是，这毕竟只是少数人所为，并不能代表广大台湾同胞，包括南部的乡亲。在两岸关系和平发展的新形势下，两岸同胞应该携起手来，共同创造属于我们自己的幸福生活和美好未来。

谢谢各位光临，下次再见。

[**发布时间**] 2010年6月12日
[**发 布 人**] 范丽青
[**发布地点**] 国务院台湾事务办公室新闻发布厅

国务院台湾事务办公室
新闻发布会

2010年6月12日

6月12日上午10时15分，国台办举办例行新闻发布会。发言人范丽青回答了记者提问。

范丽青：各位好，本次例行发布会时间正好赶上了中华民族的传统佳节——端午节，所以改到今天举行，欢迎各位光临。下面我愿意回答大家的问题。

新华社记者：请教一个关于两岸经济合作框架协议的问题。海协会与海基会日前宣布，将于13日举行ECFA第三次两会专家工作商谈，请您介绍一下目前协商的进展情况，还存在哪些主要问题？另外还想请您介绍一下关于早期收获计划的具体情况。

范丽青：ECFA 的商谈大家都很关心。我可以告诉大家，两岸经济合作框架协议的商谈已取得显著进展，在大部分问题上达成了共识。双方对已取得的成果都是充分肯定的。第三次两会专家工作商谈将会就框架协议文本的主要内容和条文进行磋商，并就货物贸易和服务贸易的早期收获计划以及后续的工作安排等交换意见。早期收获是指双方认为在协议签署后，可以率先降税的部分产品和彼此开放的部分服务业领域。据了解，对台湾方面提出的早收项目，大陆方面采纳的比例将相当高。但是我们也说过，早收计划毕竟只是框架协议实施的第一步，不可能一次解决所有问题。在框架协议生效后，双方还将就货物贸易、服务贸易协议进行协商，解决未纳入早收计划的产品降税及服务业市场开放问题。

大家很关心协商的具体内容，考虑到协商尚在进行之中，目前还不便透露。但我可以告诉各位，大陆方面尽了最大努力，认真履行了承诺，体现了极大的诚意和善意，无论是在受惠金额还是比例上，大陆都将明显少于或者低于台湾；我们不仅做到尽量不影响台湾的弱势产业和中小企业，而且还主动为台湾的弱势产业和中小企业进入大陆市场提供了方便和优惠。我想，等协议签署之后一公布，大家就会看得非常清楚了。

两岸经济合作框架协议的商谈，已经进入收尾阶段。我们希望双方继续共同努力，争取签署一份真正有利于两岸经济共同繁荣、造福两岸同胞的经济合作协议。

台湾东森电视台记者：我想问的是富士康的后续效应问题。富士康后来因为大幅加薪之后，造成很多台资企业在大陆的员工效仿，为了加薪出现一些抗争，甚至传出有一些台商因为加薪幅度过大，计划要把厂迁回台湾或者迁到越南。请问对此国台办有什么看法？第二，富士康的加薪幅度会不会过大，国台办这方面有什么看法？

范丽青：大陆有关部门和当地政府都高度重视富士康公司员工坠楼事件，积极组织工作组赴企业调查研究，采取了一系列切实有效的措施。目前，事件处置工作已经取得了一定成效，相关工作仍然在加紧进行当中。我们也期待，在政府有关部门、社会各界以及企业方面的共同努力下，有关问题能够得到妥善处理。

说“很多员工抗争”，这有点言过其实了。对于个别台资企业发生的劳动纠纷，当地政府都非常重视，做了妥善处理。

台商到大陆投资兴业已经二十多年了，在自身得到了发展和壮大的同时，也对大陆的经济发展作出了贡献。当前，大陆正在加快转变经济发展方式，很多台资企业顺应形势变化，积极调整企业发展战略，转变管理方式，推动企业持续发展，取得了很好的效果。大陆有关部门和各地政府近年来也相继出台了一系列有利于支持台资企业转型升级和产业转移的政策措施，并且认真加以落实。全国台企联和各地台协也为积极帮助台资企业解决实际困难做了大量的工作。我们将会继续有针对性地研究出台有利于台资企业发展的政策措施，与台商一道抓住机遇，化解挑战，协助台资企业在转型升级过程中获得新的发展。

香港凤凰卫视记者：还是有关 ECFA 的问题，消息人士说，ECFA 有可能会在 6 月底签署，但是现在还有一种声音，说前段时间关于 ECFA 签署有一些不太顺畅的因素，所以也担心签署的进程。请问发言人怎么看？

范丽青：我刚才已经说了，两岸经济合作框架协议的商谈已经取得了显著进展，在大部分问题上达成了共识，双方对已经取得的成果都是充分肯定的。至于能不能在 6 月底前完成签署，这当然需要双方继续共同努力。

厦门卫视记者：第二届海峡论坛下星期就要在福建举行了。根据报道说，截至 10 日，已经有近万名台湾民众报名参加，外界也很关心，台湾方面有哪些代表性人士参加，是否会有民进党的人士参加？

范丽青：第二届海峡论坛组委会邀请了台湾工会、青年、妇女、文化、体育、民间信仰、工商、农业、旅游等30个界别的代表人士出席，台湾方面与会人数将超过万人。中国国民党副主席黄敏惠、新党主席郁慕明、亲民党秘书长秦金生、无党团结联盟主席林炳坤等将应邀出席。我们欢迎民进党人士参加海峡论坛。

福建海峡卫视记者：有两个问题。第一，第六届两岸经贸文化论坛定于7月8日在广州举行。据了解，国民党荣誉主席吴伯雄将率团参会，请发言人介绍一下本届论坛的一些相关情况。第二，据了解，今年台湾香蕉又出现了滞销的情况，大陆方面是否会采取2006年紧急采购的模式，帮助台湾方面平衡市场呢？

范丽青：经国共两党有关方面协商，第六届两岸经贸文化论坛将会在今年的7月8日至11日在广东省举办，这方面我们已经发布新闻了。两岸经贸文化论坛自2006年开始举办以来，不仅成为国共两党交流对话的重要平台，更成为两岸各界人士交流互动，着眼民众福祉、汇集民意、凝聚共识的重要平台，为推动两岸关系和平发展发挥了重要和积极的作用。今年论坛的主题是“加强新兴产业合作，提升两岸竞争力”，将围绕促进新能源产业合作、加强节能环保产业合作、深化两岸经济合作等内容进行研讨。此外，本届论坛还将举办一场文化教育专题座谈会，讨论去年论坛共同建议落实情况，继续探讨拓展和深化两岸文化教育交流合作的问题。今年论坛的形式较往届有所创新，即分两阶段进行：8日至9日上午，先安排部分两岸与会代表进行参访、座谈，以增进了解，增加共识；10日至11日，在广州市举行论坛全体大会。与会代表主要包括两岸工业、科技、能源、环保产业界代表人士，以及文化、教育、体育、新闻界的专家学者，共计400余人参加。中国国民党荣誉主席吴伯雄将率团出席论坛。

第二个问题是，今年5月份以来，台湾香蕉出现滞销，5月下旬中华供销总社所属企业即开始实施采购台湾滞销香蕉800吨的合同，截至6月10日，已有300余吨香蕉运抵大陆。目前大陆对台湾丰产滞销农产品的采购方式更加灵活有效，就是不等出现滞销后再协商采购，而是双方通过及时沟通信息，准确掌握台湾水果丰产情况，提前做好供销规划，一旦出现滞销，马上就实施采购。这次实施的香蕉采购合同是去年11月中华全国供销总社与台湾有关农民经济组织签订的。这个合同的内容主要包括：计划在一年间，即今年10月前，总共采购3000吨台湾滞销水果，其中柳橙、香蕉、凤梨（菠萝）总量为2500吨，分别由北京、上海、福建等地供销社所属企业实施采购。去年年底台湾柳橙滞销，供销总社根据台湾方面的需求，已经陆续采购1600余吨柳橙，平衡了台湾市场。相信经过两岸农业经济组织、农产品经销企业不断努力，大陆采购台湾滞销农产品将会更加及时有效，尽可能使台湾农民减少损失、稳定收入。

台湾三立电视台记者： 请教发言人，还是关于两岸经济合作框架协议这个议题。很多人很关心，刚才发言人特别提到，目前在谈判进展上有了非常显著的成果，大家关心的是时间点。台湾媒体报道，时间可能会挪到七月份，甚至还可能出现第四次工作商谈，请问发言人对此有何看法。第二个问题，马英九接受半岛电视台专访的时候提到，他不排除跟大陆签署和平协定，对此国台办有何看法？

范丽青： 您的第一个问题，关于ECFA商谈的时间安排，在第三次工作商谈以后，我想大家就会清楚了，因为其中有一项内容是要就后续工作安排交换意见。

第二个问题，我们一向主张全面推进两岸关系和平发展。当前我们将继续本着先经后政、先易后难、把握节奏、循序渐进的思路，推进两岸协商，同时我们也希望双方共同努力，为今后共同破解政治难题创造条件，预做准备。

中国国际广播电台记者：前些日子台湾推出了一系列优惠政策，鼓励在大陆投资的台商回台投资，与此同时在大陆的台商还面临着用工成本上涨的压力，请问您对可能出现的台商回流现象有何评论？另外，在 ECFA 签署以后，回流现象是否会扩大？

范丽青：我们一贯积极鼓励并支持台商在大陆投资兴业，同时我们也一直积极帮助台资企业实现转型升级。至于台资企业的流向，我想他们会自己作出评估。

深圳卫视记者：赖幸媛日前访港时表示，欢迎国台办主任王毅访问台湾，也期待自己能访问大陆，请问对此持何态度？另外，您刚才说欢迎民进党参加两岸经贸文化论坛，包括海峡论坛，但是民进党方面表示，禁止党公职人员参加，同时他们又释放出另外一个消息，希望通过第三方的民间机构来与大陆进行接触，不知道您对此有何评价？

范丽青：第一个问题，王毅主任今年 3 月接受台湾媒体专访时已经表示过了，他当然愿意到台湾走走看看，如果时间、时机及条件允许，无论他本人访问台湾，还是赖幸媛女士来大陆访问，都是有可能的。

第二个问题，两岸经贸文化论坛与海峡论坛，这两个论坛的主题和参与者有所不同，经贸文化论坛重在研讨推动两岸关系发展的相关政策，而海峡论坛主要是意在推动两岸基层民众更广泛的交流，但这两个论坛都是公开透明的，都是两岸各界平等对话、良性互动、反映民意、汇聚共识的交流平台，对增进两岸民众的相互了解，促进两岸关系和平发展发挥了重要的作用。我们一向欢迎民进党人士以适当身份来大陆参访交流，增进了解。民进党一方面表示不反对两岸交流，另一方面又阻挠党员参加两岸交流活动，这种说法自相矛盾，所编造的理由也是没有根据的，不值一驳。

另外，关于民进党委托学者规划设计两岸交流对话平台。我们认为，两岸关系和平发展是大势所趋，希望民进党能够真正认识到不放弃“台独”主张是没有出路的，也是不符合台湾同胞的长远和根本利益的。对于两岸民间机构和人士就改善和发展两岸关系交换意见，我们一如既往地鼓励和欢迎。

福建东南卫视记者：有报道称，民进党有意在6月底再进行一次反对ECFA的游行集会，他们也计划再次提出ECFA“公投”案，发言人对此有何评论？

范丽青：两岸经济合作框架协议完全是一个经济协议，在这个问题上，不应进行政治操作。

中央电视台《海峡两岸》记者：日前我们从中国民航局网站上了解到，14 日台北松山机场和上海虹桥机场要实现首航对飞，因为现在大陆很多城市都跟台湾有直航对飞，松山和虹桥机场的对飞到底有什么不同的意义？

范丽青：这对于两个城市的交流将会有更加积极的促进作用，对于两岸人员往来也多了一个便捷的通路。

新华社记者：您刚才提到了，大陆会大量采购台湾农产品，有报道说，民进党籍台南县长苏焕智最近要到上海、北京等城市推销芒果，请您证实一下是不是有这件事情？如果有的话，请介绍他具体的行程。

范丽青：据了解，台南县长苏焕智将于 6 月 15 日至 23 日率团到北京、上海等地推销台南芒果，举办推广活动。我们欢迎台湾各县市来大陆进行交流活动。

中央人民广播电台和你好台湾网记者：日前台湾方面表示，鉴于两岸现在已经签署司法互助协议，希望双方能够在打击毒品犯罪方面加强合作，请问大陆方面对此持何态度？

范丽青：大陆方面一贯积极推动开展两岸共同打击犯罪，特别是毒品犯罪。两岸司法互助协议生效实施以来，两岸警方积极交换犯罪情报，联合破获过数起重大毒品案件，缉毒执法合作成效显著。相信两岸警方会继续合作，采取更有力手段来惩治毒品犯罪行为。

《法制晚报》记者：我有两个问题。台湾方面有消息说，明年将可能开放大陆居民赴台游个人行，请问具体时间是什么时候？第二个问题，台湾媒体报道，第五次两会商谈有可能于6月中旬在上海举行，请问时间和地点确定了吗？

范丽青：第一个问题，目前大陆居民赴台旅游的人数不断增加，发展态势良好。按照循序渐进、积极稳妥的思路，我们会根据大陆居民赴台旅游的发展情况，积极酝酿、研究在条件成熟时选择适当的城市来开展“个人游”试点。

第二个问题，目前两岸双方正在加紧商谈两岸经济合作框架协议，明天要举行第三次两会专家工作商谈。关于两会第五次会谈的时间、地点以及相关安排，两会将适时进行沟通。

台湾《中国时报》记者：第一个问题，有关国共论坛后续发展问题。我们知道，2008 年 5 月份以来，国共两党最高领导人曾经实现直接对话，从马英九接任国民党主席以后，好像国共两党高层较少碰面。在未来两年之内，国共两党最高领导人还有没有机会透过这个平台进行交流？

范丽青：两岸经贸文化论坛是一个两党交流对话的重要平台，也是一个着眼民众福祉、汇集民意、凝聚共识、促进两岸各界交流互动的重要平台，我想这个重要平台过去为推动两岸关系和平发展发挥了重要和积极的作用，未来也仍将继续为推动两岸各界交流、推动两岸关系的和平发展，发挥重要作用。

台湾《旺报》记者：关于早收清单，台湾方面比较关心工具机和石化产品等台湾出口量比较高的部分能否列入，请问目前协商有何进展？

范丽青：首先，据我了解到的情况，对台湾方面提出的早收项目，大陆方面采纳的比例将相当高。但是我们也一再说明，早收计划毕竟只是框架协议实施的第一步，不可能一次解决所有问题。在框架协议生效后，双方还将就货物贸易、服务贸易协议进行协商，解决未纳入早收计划的产品降税及服务业市场开放问题。至于协商的具体内容，现在协商还在进行，我不方便透露。

今天的发布会就到此结束。谢谢大家。

[发布时间] 2010年9月15日

[发 布 人] 范丽青

[发布地点] 国务院台湾事务办公室新闻发布厅

国务院台湾事务办公室新闻发布会

2010年9月15日

9月15日上午，国台办在发布厅举行例行新闻发布会。发言人范丽青回答了记者提问。

范丽青： 各位上午好，国台办新闻发布会现在开始。下面我首先向大家宣布两个近期活动信息。

首先是“2010年海峡两岸海上联合搜救演练”将于2010年9月16日上午在厦门、金门附近海域举行。这次演练的主题是“保障两岸三通 共建平安海峡”，海峡两岸航运交流协会、中国海上搜救中心、厦门市政府、中华搜救协会、金门县政府等将共同执行此次联合演练。

有关这次演练的详细情况，我们准备了相关材料，发布会后可以提供给大家。

第二则消息，海峡两岸农业交流协会与台湾省农会、台湾省渔会、财团法人二十一世纪基金会，将于9月17日至21日在江苏省昆山市共同主办第二届两岸乡村座谈。本届两岸乡村座谈的主题是“促进基层农渔民交流，推动两岸现代农业合作”。座谈会的目的是，落实去年两岸乡村座谈活动的成果，建立两岸乡村基层合作的新模式和两岸渔民沟通的新机制。届时，来自台湾的10个渔业乡镇以及5个少数民族乡村将与来自上海、江苏、浙江等省市的15个乡村对口交流，洽签合作协议。

近年来，在两岸农渔民的共同努力下，两岸乡村交流合作蓬勃发展，两岸各160多个乡村已经开展了对口交流。两岸乡村彼此学习借鉴，相互扶持和帮助，加深了沟通了解，增进了感情，有利于促进两岸交流合作的深入发展。

下面我愿意回答各位的问题。

福建海峡卫视记者：明天海基会董事长江丙坤会率领访问团访问大陆，有消息说他会在上海与海协会陈云林会长会面，同时就两岸经济合作委员会以及第六次两会领导人会谈的议题进行协商，请发言人证实相关情况。

范丽青：根据两会的互访交流规划，海基会董事长江丙坤先生将率领海基会董监事访问团一行30多人于9月16日至19日到上海、昆山参访交流，这是一次正常的例行参访活动。

新华社记者：我有两个问题。第一个问题，我们听说大陆有关部门准备受理台湾律师事务所在大陆设立代表处的申请，请您介绍相关情况。第二个问题，今年以来又有十余批大陆省部级领导率团访问台湾，迄今为止这些访问团都取得了哪些成果，请您作一下点评。

范丽青：您的第一个问题，经过充分的调研和准备，《台湾律师事务所在福州厦门设立代表机构试点工作实施办法》将于近日正式公布。《实施办法》对代表机构的设立条件、业务范围和监督管理作了具体的规定，台湾地区律师事务所可以按照《实施办法》的要求，向福州市或厦门市司法局提交设立代表处的申请材料。台湾律师事务所在大陆设立代表处将有利于他们扩大业务范围，为在两岸投资的企业提供实时法律服务。这个举措也是我办王毅主任在海峡论坛上宣布的惠台措施之一，是两岸法律服务领域加强交流、促进两岸经济合作的重要内容。

您的第二个问题，今年以来两岸的各项交流往来有了非常大的发展。今年上半年，越来越多的两岸同胞投身于两岸民众大交流之中，两岸人员往来已经达到了320多万人次，其中台湾居民来大陆共240万人次，同比增长11.9%；大陆居民赴台80万人次，同比增长69.3%。大陆各省积极组团赴台交流访问，都取得了非常好的成果。两岸人员往来以及各项交流的深入发展，将有利于促进两岸同胞加深感情，增进相互了解，有利于促进两岸关系和平发展。

台湾年代电视台记者：首先，在钓鱼岛主权的部分，大陆对台湾民间自发性的保钓运动有何评论？第二个问题，在ECFA的后续部分，因为双方在9月份已经进行换文，并且ECFA正式生效。在接下来的后续配套措施，包括两岸经合会的部分，目前进度和进展如何，请发言人回答。

范丽青：关于您的第一个问题，我们认为，维护钓鱼岛主权符合两岸同胞的共同利益，符合中华民族的长远利益和根本利益。这是我们一贯的立场。

您的第二个问题，按照《海峡两岸经济合作框架协议》的规定，两岸将会共同建立经济合作委员会，负责处理与框架协议相关的事宜。目前框架协议已于9月12日正式生效，为了保障早期收获计划能够顺利实施以及后续协商的尽快开展，双方将就经合会相关事宜进行充分沟通，尽快实施。

台湾三立电视台记者：昨天台湾“陆委会主委”赖幸媛在欧洲议会演说的时候有强调，台湾的前途还是由台湾2300万人民来决定。另外，她也在呼吁，大陆要撤除对台湾的武力部署。请发言人对此作出回应。

范丽青：关于您的第一个问题，台湾的前途系于中华民族的伟大复兴。第二个问题，我们认为，“台独”分裂势力及其活动才是引发台海形势紧张、危害两岸关系和平发展的根源。无视大陆善意，渲染炒作所谓大陆威胁，这与当前两岸关系和平发展的气氛并不协调，更无助于增进两岸的互信。实现两岸关系的和平发展，符合两岸同胞的根本利益，是两岸同胞的共同愿望。

福建东南卫视记者：我们知道ECFA的后续工作可能正在开展中，贸易的早收清单上有传出来在明年1月1号会付诸实施，不知道在服务贸易、特别是岛内金融业者登陆方面的工作进展怎么样？

范丽青：关于两岸经济合作框架协议里的早收清单如何实施，我相信这是两岸业界、两岸同胞都非常关心的事情。随着两岸经济合作框架协议的正式生效，有关方面正在紧锣密鼓地进行磋商和安排。

《法制晚报》记者：请发言人介绍《海峡两岸共同打击犯罪及司法互助协议》自去年6月生效以来的执行情况，两岸合作取得了哪些主要成果？刚才您宣布的海上联合搜救演练，您也提到过说，之前已经举行过，那这次是第二次，在此之后会不会变成常规化的两岸合作演练？

范丽青：第一个问题，《海峡两岸共同打击犯罪及司法互助协议》生效实施一年多来，在双方司法部门的共同努力下，各领域合作正在全面展开，成效显著，有力地保障了两岸交往秩序和同胞权益。有这么几个特点，我给大家稍微归纳一下：

一是合作打击犯罪成果突出。截至今年8月底，两岸警方联合侦破130余个电信诈骗犯罪集团，共抓获犯罪嫌疑人近2000名。特别是今年8月25日，两岸警方再创佳绩，联手摧毁特大跨境电信诈骗网络群，抓获犯罪嫌疑人500多名；大陆公安机关遣返涉嫌杀人、毒品、诈骗等台湾通缉要犯68人。

二是被判刑人移管实现突破。两岸主管部门人员经协商，将身患重病的台湾罪犯冯某移送回台执行。

三是司法协助事务稳步推进。两岸法院、检察机关相互委托送达文书、调查取证近6000件，办结率不断提升。

四是业务交流迈入轨道。双方通过不同层级、不同领域的工作会晤和互访交流，拓宽了合作领域，深化了合作事项，提高了合作效率。

我们注意到，台湾方面对协议成效予以积极评价。我们相信在双方持续不断的共同努力下，司法互助协议将为维护两岸同胞福祉发挥更积极、更重要的作用。

第二个问题，你提到了海上搜救演练的事情，后续会不会常态化进行下去，需要两岸参与搜救演练的各方来协商决定。

中央人民广播电台和你好台湾网记者：本月《金门协议》签署已满20周年，作为两岸官方授权民间团体签订的第一个协议，至今仍在有效地发挥作用。现在两岸已经签署了更多的协议，对于《金门协议》的意义有何评价？两岸是否会共同举办纪念活动？

范丽青：《金门协议》在两岸关系史上具有重要意义。这是1949年以来，两岸民间团体受权签订的第一个书面协议。“金门协议”签订以来，两岸执行协议联系渠道通畅，协议运作有效，为维护两岸交流健康发展和两岸人民权益做出了积极贡献。2009年，海协会与海基会在金门协议的基础上，进一步签署了《海峡两岸共同打击犯罪及司法互助协议》，构建起两岸司法互助的合作机制。

根据我们的了解，中国红十字总会将于9月19日至22日在福建省厦门市举办纪念《金门协议》签署20周年座谈会。届时，海峡两岸红十字组织的代表及当年参与会商的有关人员将会出席座谈会。

厦门卫视记者：两岸开通空中定期航班到8月31日已满一周年，请问对有关的营运情况怎么评价？

范丽青：2009年8月31日，两岸正式开通客货运定期航班，两岸航空运输进入正常化安排。开航一年来，总体运营情况良好，航班执行安全顺畅。总体上起到了快捷、便民，促进两岸人员往来、两岸同胞交流、经济合作双赢的作用。具体而言，有如下几个特点：

一、台方公司客货运力及运量均超过陆方公司，分别占了57.7%和64%。这是由于台方公司在两岸航线上普遍选择使用较大机型，无论从提供的座位数还是实际运输量来看均超过陆方公司。

二、直航班次顺应需求大幅增加。我们高度重视增加两岸直航班次问题，在原有每周270班的基础上，近期双方每周各增加了50班，并且每月双方还各有20班不定期客运包机。这样的增班总量是双方民航业务主管部门在保障运行安全的前提下，尽最大努力挖掘潜力达到的，也是根据相关机场地面保障能力做出的安排。

三、对于航班时刻问题，我们在目前大陆航班时刻异常紧张的情况下，在虹桥机场新增起降时刻中对台湾航空公司建立虹桥—松山航线的时刻予以预留，保证台湾航空公司可以得到较好的起降时刻。在北京、深圳机场方面，我们充分考虑到在台湾除桃园机场外，其他机场均有宵禁的实际困难，努力协调大陆航空公司出让相关时刻，对台湾航空公司新增北京和深圳机场每周各4个航班的时刻给予特殊安排和照顾；在厦门、福州机场，我相关部门保留了台湾航空公司目前执行的每周14班厦门和8班福州航班中调至其他机场的起降时刻，给其继续安排新航班时使用。

四、回应两岸民众关切，协调降低直航票价。降低直航票价一直是两岸同胞共同关注的问题。经两岸民航业务主管部门协调，相关航空公司已将票价在现有基础上调降了15%左右。我们希望两岸民航业务主管部门和航空公司继续加强配合，合理确定票价水平，使两岸同胞享受到更多的实惠。

我们一贯重视和关切台湾民众对持续扩大两岸直航的呼声，也愿意在保障航空安全的前提下尽可能满足民众的要求和期望，同时，也希望台湾方面了解和体会到大陆为推动两岸直航不断释放的善意，继续本着实事求是、客观公正的态度，与大陆共同努力，继续深入探讨解决建立、完善海峡两岸新航路的开发与管理等问题。

中央电视台记者：我们看到台湾交通部门日前宣布将开放两岸来共同修建两岸的第一条直通海缆，我们知道如果这个海缆建成的话，将会对两岸的通讯质量有所提高，而且两岸的通讯资费会有所下降。请发言人予以证实有没有这项合作计划？

范丽青：两岸电信企业合作铺设两岸海底直达光缆，有利于提升两岸电信通信的质量和水平，为两岸民众提供更加优质的电信服务。其实，在今年2月间，我们就已经有过这样一个发布，我们乐见两岸相关电信企业积极合作，共同建设两岸的海底直达光缆。

上海东方早报记者：有关大陆居民赴台自由行的情况，请发言人介绍一下有没有新的进展。另外，有传闻说，北京和上海可能成为首批试点地区，不知道试点的时间和具体的区域是否确定？

范丽青：对于推动大陆居民赴台个人游，我们认为这是一件加强两岸民众交流的好事情，希望双方共同努力，积极创造条件，按照“循序渐进、积极稳妥”的思路，在条件成熟时，选择适当的城市和地区来开展大陆居民赴台个人游的试点。目前开展试点，具体的城市或者地区都还没有确定。

深圳卫视记者： 日前，中华文化联谊会会长蔡武在访台的时候就提出，希望有一个类似于ECFA这样的两岸文化协议，不知道这方面有没有时间表？

范丽青： 中华文化联谊会会长蔡武先生是于9月2日至9月8日率团赴台湾交流访问的，获得圆满成功，也取得了丰硕的成果。他在访台期间也提出建议，希望两岸通过协商适时签署文化交流协议，这个建议得到了两岸文化界的热烈响应。两岸的文化交流与合作为消弭两岸隔阂、加深两岸人民的相互理解、密切感情，推动两岸关系改善和发展都发挥了重要作用。

当前，两岸关系和平发展呈现出良好的势头，两岸民众迫切希望全面推动两岸的文化交流与合作，建立文化交流合作机制。所以，我们认为，两岸应当通过协商适时签署文化交流协议。

中国国际广播电台记者： 有两个问题，第一个问题，在ECFA生效以后，银行业的合作应该首先步入了正轨，请问重点或者热点的合作项目是什么？第二个问题，相对较远一些，在明年辛亥革命一百周年的时候，肯定会有一些领域的合作和交流，目前我们有一些重点的规划是否已经有所进展？请您介绍一下。

范丽青：ECFA 协议生效以后，关于协议的后续执行，将会由两岸有关方面在两会的框架下来进行会商。

关于辛亥革命的纪念活动，辛亥革命集中反映了当时中国人民争取民族独立、振兴中华的真切愿望，是中国人民为改变自己的命运而奋起革命的一个伟大里程碑。孙中山先生始终致力于振兴中华、追求国家统一的伟大精神，至今还在激励着两岸同胞为之奋斗。

我们每年都会举办纪念辛亥革命的相关活动，明年是辛亥革命一百周年，届时将会隆重举行纪念活动。两岸有一些民间团体也提出了合办活动的一些愿望。两岸同胞共同举办相关的纪念活动，将有利于促进两岸同胞交流，共同推进两岸关系和平发展。我们将予以积极支持。

福建海峡卫视记者：我们知道，两岸航班有 36 班是因为时间段的问题现在还没有飞航。不知道目前两岸航空业就这个问题商谈得怎么样？如果 9 月底，这 36 个航班还没有办法飞航，有没有考虑有一些临时航班增加的情况？

范丽青：航班的增班总量是由双方民航业务主管部门在保障运行安全的前提下，尽最大的努力挖掘潜力达到的，也是根据相关机场地面的保障能力来做出安排的。

[发布时间] 2010 年 9 月 29 日
[发 布 人] 范丽青
[发布地点] 国务院台湾事务办公室新闻发布厅

国务院台湾事务办公室
新闻发布会

2010 年 9 月 29 日

9 月 29 日上午，国台办在发布厅举行例行新闻发布会。发言人范丽青回答了记者提问。

范丽青： 各位上午好，现在我愿意回答大家的问题。

新华社记者： 我有两个问题，第一，银监会日前批准了四家台湾银行到大陆开分行，请问这四家分行什么时候能开业？另外还想问大陆银行到台湾开设办事处的进展情况怎么样？第二，我们看到报道说，日前公安部副部长赴台访问已经回来了，据说达成了一系列的共识，请问具体在两岸警务合作方面会有什么进展？

范丽青：9 月 16 日，银监会批准了首批四家台湾地区的银行，包括土地银行、合作金库、第一银行和彰化银行在大陆筹建分行。等到筹建完毕经过监管机构开业验收以后，这些分行就可以开业了。9 月 23 日，中国银行和交通银行也获得台湾方面的核准，在台湾设立代表处。这两件事是继两岸金融合作协议和金融业监管合作备忘录签署以后，两岸银行业交流与合作所取得的重要进展。两岸银行业的合作开始进入了双向合作的阶段。我们希望双方继续保持良好合作，切实履行两岸经济合作框架协议早期收获清单中所列明的开放承诺，推动两岸金融合作不断深化。

中国警察协会副主席、公安部副部长陈智敏率中国警察协会代表团一行已经结束了在台湾的访问，他们也取得了很多的成果，这方面新闻报道已经报过了，我这里不再重复。

台湾中天电视台记者：请问王毅主任昨天有提到现在两岸和平发展的总体趋势是好的，但是两岸之间还是存在着一些不稳定的因素，我想问这个不稳定的因素是不是指台湾目前正在进行的“五都”选举？选前两岸交流或者两岸旅游是不是有可能会暂停，特别是两岸交流的部分。陈云林会长去台湾的行程推迟是不是也是因为

“五都”选举的关系？

范丽青：王毅主任的讲话已经说得很清楚了。王主任传递出的最主要的信息就是，两岸双方应当珍惜、维护并发展好当前得来不易的良好局面。

交流会不会因为选举而停止？大家都看到的，目前两岸交流一直在进行着。陈会长率领海协会经贸考察团访台，是两会商定的交流活动之一，何时成行，两会尚未决定。

福建东南卫视记者：我们知道，日前“江苏台湾周”活动以及南京台湾名品城投入营运受到关注，请问今后大陆各地还将陆续举办此类活动吗？另外一件事，我们知道商务部副部长日前率海贸会代表团访台，这其中有很多大型国有企业的代表，不知道发言人对于目前我们陆资赴台投资的情况有什么样的介绍？对于一些大型国企赴台湾投资，您是怎么样看的？

范丽青：举办台湾名品展销活动是两岸经贸交流的一种新形式，是大陆方面帮助台资企业应对国际金融危机，树立内销品牌、开拓市场、加快转型、提升企业及品牌形象的重要举措。去年以来，江苏、广东、天津等地分别举办了台湾商品展销活动，受到台湾参展商及大陆民众的广泛关注和好评。近期大陆有些城市还兴建了台湾商品展示、展销场所。对于今后各地的这类活动，只要市场有需求，我们都会给予支持。

对于陆资赴台，目前的情况是，有50多家大陆企业，1.33亿美元的投资额，大陆资本赴台投资还仅仅是一个开始，我们一贯是大力支持的，也采取各种措施加以推动。我们希望大陆资本赴台投资能够在台湾得到良好的投资环境和经营环境，使这些大陆投资能够有利于台湾经济的发展，能够实现两岸经济的互利共赢。

台湾《旺报》记者：想请教两个问题，第一，两岸目前针对经合会的组成沟通情况，进度怎么样？未来组成人员层级方面，大陆方面有什么看法，什么时候会公布？第二，之前两岸公布ECFA的英文译本，两岸是不是有默契同时送WTO，还是一前一后送，什么时候送？

范丽青：两岸经济合作框架协议已经生效。为了保障早期收获能够顺利实施以及后续商谈如期开展，两会正在联系，争取尽快就两岸经合会的组成以及运作方式等进行沟通，达成共识，推动实施。

两岸经济合作框架协议的执行、解释及适用等相关事宜，都以中文版本为准，英文版本仅作参考用途。你所提到的其他相关事务，两岸有关方面正在沟通协商中。

福建海峡卫视记者：继去年大陆省级的经贸采购团

有8个到台湾采购之后，今年经贸采购团赴台非常热络，发言人能不能介绍一下相关情况？

范丽青：今年以来，有9位大陆省区市主要负责人相继率团赴台交流访问，举办了形式多样、内容丰富的交流活动，不仅仅是采购。访问团广泛接触台湾社会各界民众，达成了众多合作协议和意向，密切了两岸在经济、文化、社会各领域的合作。这种做法有利于相互借鉴发展经济、改善民生、服务民众的有益经验，彼此之间取长补短，共同提高。同时，这也扩大了两岸交流的规模，拓展了交流的领域，增进了两岸同胞之间的感情联系，为推动两岸关系发展发挥了积极的作用。

香港凤凰卫视记者：关于钓鱼岛的问题，您觉得两岸联手保钓这件事是否可行？大陆跟台湾有没有这方面的接触？

范丽青：我们上次也回答过了，维护钓鱼岛的主权，符合两岸同胞的共同利益，符合中华民族的长远利益。

中央电视台《海峡两岸》记者：发言人您好，日前民进党主席蔡英文在接受专访的时候，首度对未来的两岸关系做了比较明确的表态，她说，两岸政策稳定很重要，如果民进党能够重返执政，会延续前朝的政策。请问发言人对此有什么评论？

范丽青：我们看到了有关报道，不知道这是不是选举语言。民进党常常说辞反复。两岸关系和平发展的基础是反对“台独”、坚持“九二共识”，两岸双方应当共同努力，切实维护并巩固这一基础。

中央人民广播电台和你好台湾网记者：日前台湾的工业总会发布了对大陆投资环境的建言，就税务政策等方面对大陆提出了43项的政策建议，并且决定今后定期对大陆的投资环境进行整体观察并提出具体建议，请问发言人对此有何回应？

范丽青：我看到了有关报道。我们欢迎台湾各界为促进台资企业更好地在大陆发展、推动两岸关系和平发展建言献策。

深圳卫视记者：日前温家宝总理在纽约和记者座谈时，就回应台湾要求大陆撤除导弹的问题，表示这个问题最终将得以实现，请问发言人，这是否意味着下一步大陆将加强与台湾的交流，加强军事互信？

范丽青：温家宝总理在纽约与华文媒体的负责人座谈时的有关谈话，体现了我们对台方针的一贯立场。

台湾三立电视台记者：目前我们掌握的消息是说，陈江会预计在12月举行，地点可能会在台北市，已经排除了其他县市，请发言人核实一下，是不是也是为了避开台湾的“五都”选举？

范丽青：第六次两会商谈的时间、地点，要由两会协商确定，目前还没有相关消息。

《两岸关系》杂志记者：据报道，最近两岸直航增班又有新的进展，请发言人介绍一下相关的情况。

范丽青：为了照顾台湾业者以及民众的需求，在目前大陆航班时刻异常紧张的情况下，大陆的民航主管部门协调大陆航空公司让出了原有的时刻，对台湾航空公司新增航班的时刻给予了特殊的安排和照顾。日前大陆民航主管部门已经批复了36个台方航空公司的增班时刻，包括上海虹桥14班、北京4班、深圳4班、厦门和福州共11班、青岛2班、长沙1班，并且正在积极协调，争取解决其他9班涉及厦门、广州以及杭州机场的增班时刻。

《法制晚报》记者：国庆节即将来临，赴台的游客会大增，第一个问题想问一下自由行有没有最新的进展？

范丽青：“十一”黄金周期间，大陆游客赴台人数增加是可以预期的。大陆民航主管部门已经批复了台湾航空公司的增班时刻，如果台湾航空公司开航了新增航班，也会有利于进一步促进大陆居民赴台旅游。

对于推动大陆居民赴台个人游，我们认为这是一件加强两岸民众交流的好事情，希望双方共同努力，积极创造条件，按照“循序渐进、积极稳妥”的思路，在条件成熟时，选择适当的城市和地区来开展大陆居民赴台个人游的试点。

厦门卫视记者：一直受到大家关心的台湾同胞赠送的梅花鹿和长鬃山羊什么时候可以落户威海？有没有具体的时间？

范丽青：接收方刘公岛已经在紧锣密鼓地进行准备，正密切地跟台湾方面进行沟通，目前正就检验检疫、运送方式等具体事务进行安排，相信很快就会有好消息。

台湾《旺报》记者：前几天海基会大楼正式破土动工，请问发言人对此有什么评论？这是不是意味着，虽然海基会、海协会是两岸的“白手套”，但是未来探讨政治议题的时候，是不是还是由海基会、海协会这两个“白手套”继续充当平台？

范丽青：对海基会建新大楼表示祝贺。目前由两会进行有关两岸事务的协商以及签署协议，这是符合当前两岸关系发展水平的。

[**发布时间**] 2010年10月13日
[**发 布 人**] 杨 毅
[**发布地点**] 国务院台湾事务办公室新闻发布厅

国务院台湾事务办公室新闻发布会

2010年10月13日

10月13日上午，国台办在新闻发布厅举行例行发布会。发言人杨毅回答了记者提问。

杨毅：朋友们，早上好。有问题吗？

台湾中天电视台记者：请教发言人，马英九在“双十”讲话中期待大陆能够尽快撤除导弹。请问对此有何评论？

杨毅：我们主张，两岸通过适当方式适时就军事问题包括两岸军事部署的有关问题进行接触交流，探讨建立两岸军事安全互信机制，以利于稳定台海局势，减轻军事安全顾虑。

香港凤凰卫视记者：最近在海南发生了暴雨，在当地从事种植业的台商损失惨重，大陆方面会不会对这些台商进行援助？

杨毅：确实，最近一段时间海南连降暴雨，造成了很大的损失。一些台资企业也受到了损失。国务院台办对此高度重视，正在通过海南省台办加紧了解、核实情况。我们将密切配合当地政府，采取切实有效的措施，帮助台商、台资企业解决困难，克服灾害造成的损失，早日恢复生产。

福建海峡卫视记者："十一"黄金周期间大陆居民赴台旅游相当火爆，请发言人介绍一下相关情况。另外，前一段也有媒体报道说，两岸的自由行将首先从大陆的商务人士开始。请发言人证实。

杨毅：刚刚过去的"十一"长假，大陆居民赴台旅游发展迅速，运行平稳。据统计，10 月 1 日至 7 日七天之内，大陆居民赴台旅游累计 839 团组，总计 20271 人次，大概日均近 2900 人次。按照目前的态势来看，年底之前，大陆居民赴台旅游的规模还会持续扩大，全年大陆赴台游客有望达到 120 万人次。

你提到大陆居民赴台个人游的问题，我觉得这是一件有利于加强两岸民众交流的好事，也是既定的目标。希望双方继续共同努力，积极创造条件，争取早日选择适当城市和地区进行试点。

厦门卫视记者：据悉，第七届海峡两岸信息产业技术标准论坛将于近期在福建举行，请您介绍相关的情况。

杨毅：由中国通信标准化协会、中国电子工业标准化技术协会和华聚产业共同标准推动基金会共同主办的第七届海峡两岸信息产业技术标准论坛，将于10月24日至25日在福建省福州市举行。在以往数字音视频编解码技术（AVS)、第三代移动通信技术（TD－SCDMA）、移动存储、平板显示技术、太阳能光伏、锂电子电池、半导体照明（LED)、交互式网络电视（IPTV）等原有议题上，本届论坛新增了汽车电子、泛在网/物联网等两项议题。两岸业务主管部门的有关负责人士和研究机构、知名企业及专家学者将出席本届论坛。海峡两岸信息产业技术标准论坛自2005年以来，已在两岸成功举办了六届。两岸专家就有关领域的标准、技术、产业化等进行了广泛研讨，达成多项共识，取得了在台建设TD试验网等重要成果，为两岸信息产业标准交流与合作搭建了平台，成为两岸信息产业和产业标准合作的知名品牌。

论坛的主办方让我转达他们的邀请，欢迎媒体界的朋友前往采访。

福建东南卫视记者：昨天傍晚的时候，台湾方面已经宣布了中国国民党荣誉主席连战先生将出席下个月举行的 APEC 会议，请问发言人对此有何评价？另外，昨天下午杨秋兴在接受采访时表示，他参加高雄市市长选举的政见有重要的一条，就是希望把高雄建成经贸特区与福建的海西经济区进行对接，相辅相成。您对此有什么评价？

杨毅：我们相信，APEC 将按照有关谅解备忘录和惯例，安排好台湾方面人士参加领导人非正式会议的问题。

第二个问题，我们愿意听取一切有利于加强两岸交流合作的意见和建议。

台湾《旺报》记者：对于台湾很多人要求要加入国际民航组织和联合国气候变化框架公约，国台办持何态度？另外，在“外交休兵”的情况下，对台湾先加入的国际组织，如国际渔业组织，以后当大陆加入时，会不会要求台湾修改名称？

杨毅：国际民航组织和联合国气候变化框架公约的性质是众所周知的。关于台湾参与国际组织活动的问题，我们的立场是一贯的、明确的。

第二个问题，对于台湾参与国际组织活动的问题，我们了解台湾同胞的感受，重视解决与之相关的问题。在不造成“两个中国”、“一中一台”的前提下，可以通过双方务实协商，作出妥善的安排。

中国台湾网记者：最近有消息称，台湾同胞赠送大陆的长鬃山羊和梅花鹿落户山东威海的时间将要推迟到明年，请您予以证实，并介绍相关情况。

杨毅：山东威海方面已经做好了各项接收准备工作。考虑到威海马上就会进入冬季了，而长鬃山羊和梅花鹿还没有过在低温条件下生活的经验，为了降低适应的风险，确保这两对宝贝的健康，台北动物园的专家日前提议，将运送的时间推迟到明年4月之后。我们尊重台北动物园专家的意见。我相信明年在春暖花开的时候，大家就可以在美丽的威海森林公园见到这两对来自宝岛的可爱的长鬃山羊和梅花鹿，届时我们有可能组织大家去采访。

台湾《联合报》记者：日前在台湾举办的亚洲大学男子篮球赛上，因为有人在入场通道里展示“国旗”，大陆队放弃比赛。请问大陆方面对于两岸在体育或者文化交流上相关的处理原则是什么？

杨毅：我们希望主办方能够理解、遵循和维护国际赛事的有关规定和做法。

深圳卫视记者：日前台湾媒体报道，本次来报名参加广州亚运会的台湾代表团人数是历届最高的，请发言人给予证实。另外，日前国民党荣誉主席吴伯雄邀请中央政治局委员、广东省委书记汪洋到台湾访问，在两岸关系热络的趋势下，像汪洋这样的高级官员访台的可能性有多大？

杨毅：关于台湾参加广州亚运会的人数，我现在手头没有这方面的资料，我找到后一定交给你。

第二个问题，目前我还没有这方面的讯息。

新华社记者：有两个问题。第一，两岸定期航班开通以来，票价问题一直受到关注，有很多民众希望两岸直航票价能够继续调降，满足更多民众的需求。请问发言人对此有何看法？第二，大陆探月工程首席科学家欧阳自远，近期在接受媒体采访的时候表示，欢迎台湾方面参与未来嫦娥二号所采集的资料研究，也欢迎台湾的科学家能够参与未来嫦娥三号探月方面的工程。请问发言人，对于两岸未来在太空合作方面的前景有何看法？

杨毅：我们推动两岸直航的目的，或者说出发点，就是为两岸同胞谋福祉。在双方的努力下，两岸直航已经实现，现在往返两岸的飞航时间已经大大缩短，确实为两岸同胞带来了便利。现在大家比较关心的主要是两个问题，一是航班少，二是票价高。这两个问题我们都非常重视，希望双方共同努力，切实加以解决。先说航班少的问题。我们主张、赞成增加两岸直航航班，因为虽然经过双方努力，今年已经把每周往返两岸的直航航班从 270 班增加到了 370 班，但是和每年两岸同胞往返两岸的五百多万人次的规模比起来还是显得少，不敷使用。在一些热门的航点也经常出现一票难求的状况。大陆方面为解决增加两岸航班问题做了极大的努力。现在看来影响、制约两岸增加航班的瓶颈因素主要有两条，一是热门航点机场的流量饱和问题，二是航路拥挤的问题。这两个问题都需要双方共同努力。我相信，经过双方的努力，一定能够找到解决问题的办法，来满足两岸同胞的愿望和要求，同时也为最终解决票价高的问题创造条件。

对于两岸票价问题，经过努力，我们已经兑现了在现有票价基础上调降 15% 的承诺。我们了解，直航票价的形成受营运成本、市场需求等多方面因素的影响，但我们还是希望两岸的有关航空业者能够充分听取两岸同胞的意见，认真回应大家的关切，确定合理的票价水平，同时进一步提高服务质量。总之，多办好事，办好实事，让两岸同胞能够更多地享受到两岸直航给他们带来的好处。

第二个问题，我们支持两岸在科技领域加强交流和合作。

中新社记者：刚才您说到大陆赴台游客持续增加，但是现在有一个问题，台湾方面有人说，大陆的旅行社收了高额的团费，但是给台湾旅行社的利润却太低了，于是导致了大陆游客在台湾有时候只能住廉价的宾馆或者是吃便宜的餐馆。请您说明有关情况。

杨毅：这种说法与实际情况不符。经过两岸的努力，大陆居民赴台旅游保持了良好的发展态势，人次不断攀升。据我们了解的情况，两岸组接团的价格体系总体来看是稳定的，少数地方出现价格偏差是受到市场供求关系的影响。利润分配是组接团社之间的市场行为。旅游行业上、下游关联密切，价格的波动不应简单地、片面地归咎于其中一方。实现两岸旅游规范、持续的发展，一方面要靠市场的监管，另一方面要靠增强商业诚信，这都需要双方共同努力。至于说大陆方面，我们将一如既往，切实做好大陆居民赴台旅游的品质保障和市场监管工作。

中央人民广播电台和你好台湾网记者：日前有大陆的经济学家建言，大陆的“十二五”规划应该把 ECFA

以及两岸具有合作空间的若干新兴产业纳入其中，请问发言人对此有什么评论?

杨毅：如您所知，“十二五”规划正在研究制定过程中，目前我还没有相关的信息。“十二五”规划将提出未来五年大陆经济社会发展的指导原则和发展目标，描绘未来五年大陆经济社会发展的宏伟蓝图。我想，这必将为进一步加强两岸经济合作、促进台湾经济的发展创造良好的环境和广阔的空间，同时也必将为广大台湾同胞在大陆发展提供巨大商机。

澳亚卫视记者：马英九“双十”讲话对两岸关系未来和谐发展会有什么影响?

杨毅：我们注意到了有关的讲话。两岸双方应当共同珍惜当前得来不易的两岸关系和平发展的良好局面，继续本着建立互信、搁置争议，求同存异、共创双赢的精神，妥善处理复杂敏感问题和政治分歧，进一步增进互信，不断开创两岸关系和平发展的新局面，造福两岸同胞，造福中华民族。

台湾《旺报》记者：我们这边还是关心两岸关于ECFA后续的运作和协商，目前双方有关经合会的协商到什么程度了？什么时候开始展开运作？还有一个问题，去年王主任曾访美，请问大陆今年是否还会到美国那边对两岸政策进行说明？

杨毅：按照两岸经济合作框架协议的规定，由两岸共同组成两岸经济合作委员会，负责与框架协议相关的事宜。两岸经济合作框架协议已经在9月12日正式生效，为利于早期收获计划尽快实施和有关货物贸易、服务贸易等后续协商的开展，两会目前正在加紧联系，争取尽早就两岸经合会的组成、运作方式等问题交换意见，作出安排。

第二个问题，目前我没有这方面的信息。

台湾TVBS记者：针对今年两岸两会第六次会谈在台湾举行的具体时间和地点有没有进一步的消息？会不会受到“五都”选举的影响？

杨毅：第六次两会领导人会谈的具体时间、地点，还需要由两会来商量确定。确定之后，两会会及时地向媒体公布。

台湾中天电视台记者：请教发言人，您刚才提到撤弹的问题，两岸应在适当时间就军事问题进行探讨。“适当时间”是指什么时候？另外，马英九在“双十”讲话中提到，两岸虽然在法理上不能“互相承认”，但应做到在事实上“互不否认”，您同不同意这样的说法？

杨毅：所谓“适时”，就是双方都认为合适的时间。

第二个问题。世界上只有一个中国，大陆和台湾同属于一个中国，中国的主权和领土完整不容分割。尽管两岸尚未统一，但两岸同属一个中国的事实从未改变。两岸双方应当珍惜当前得来不易的两岸关系良好局面，继续本着建立互信、搁置争议、求同存异、共创双赢的精神，妥善处理复杂敏感问题和政治分歧，进一步增进互信，不断开创两岸关系和平发展新局面，造福两岸同胞，造福中华民族。

谢谢各位，我们下次再见。

[发布时间] 2010 年 10 月 27 日
[发 布 人] 杨　毅
[发布地点] 国务院台湾事务办公室新闻发布厅

国务院台湾事务办公室
新闻发布会

2010 年 10 月 27 日

10 月 27 日上午，国台办在新闻发布厅举行例行新闻发布会。发言人杨毅首先介绍了因受台风影响部分大陆游客在台遇险的相关情况、发布实施服务贸易早期收获开放措施的安排，随后回答了记者提问。

杨毅： 各位上午好。10 月 21 日，受台风“鲇鱼”的影响，台湾东部苏花公路多处地段发生严重塌方，造成13 个大陆旅游团 269 名游客受困，其中 20 人失联。大陆中央领导和普通民众，对此都十分牵挂。事件发生后，国家旅游局及广东省、珠海市有关方面都高度重视，立即展开应急处理。国务院台办随即启动涉台突发事件应急处理机制，全力协调各方救援。正在美国访问的王毅主任表示人命关天，希望台湾方面采取一切有效措施，全力搜救被困大陆同胞。海协会连日来一直与台湾海基会保持密切联系，希望台湾有关方面全力做好救援及后续相关工作。这里我要告诉各位，海协会副秘书长张胜林及2名工作人员此刻正在赶往台湾，以便现场了解救援的情况，就近与台湾海基会沟通协调。国家旅游局成立以邵琪伟局长为组长的工作小组，并责成海峡两岸旅游交流协会（以下简称“海旅会”）立即启动应急协调处理机制，成立海旅会驻台北办事处前方工作小组。海旅会副秘书长李亚莹已于24日率广东旅游部门人员赴台，海旅会秘书长满宏卫一行4人也将于今日（27日）赴台，协调处理搜寻失联旅客及善后事宜。广东省成立专门小组，协调各部门配合做好家属等方面工作。在公安出入境管理部门的全力配合下，失踪的大陆领队田园的家属于23日晚抵台，来自广东珠海的全部失联游客家属36人于25日抵台。

据台湾海基会通报，截至10月26日晚，受困的269名大陆游客中已有247人分3批离台返回大陆，有2名受伤大陆游客在台继续接受治疗。我想强调，目前当务之急还是台湾方面采取一切有效措施，继续全力搜寻失联的20名大陆游客；同时妥善做好后续处理相关安排，并认真总结经验教训，切实保障大陆居民在台旅游的安全。

各位，今天我还想给大家通报《海峡两岸经济合作框架协议》实施取得的重要进展。《海峡两岸经济合作框架协议》（ECFA）已于9月12日正式生效。根据ECFA协议文本的规定，服务贸易早期收获应在框架协议生效后尽速实施。为使两岸民众尽早受益，大陆方面积极努力，加快实施服务贸易早期收获开放承诺的相关准备工作，采取成熟一项、开放一项的快速便捷方式，决定于2010年10月28日（明天）正式实施5个部门的服务贸易早期收获开放措施。这5个部门是：会计服务、计算机及其相关服务、研究和开发服务、会议服务以及视听服务项下的进口电影片配额。我们将继续抓紧做好早期收获中其他服务贸易部门开放的各项准备工作，争取尽早落实，把这件好事做好。

下面我愿意回答各位的提问。

澳亚卫视记者： 刚才提到仍然有部分大陆游客在台湾，处于失踪状态。请问发言人，是否从台湾方面得到消息说，这些失踪人员有没有生还的可能呢？还有我们注意到一些相关的赔偿措施已经启动，比如说像30万人民币加上200万新台币的赔偿，请问海协会和海基会两方面关于救助和善后的相关工作，有没有具体的可以发布配合实施的时间表呢？

杨毅：第一个问题，目前我们还没有得到台湾方面关于你提到的这个问题的通报。第二个问题，我们希望台湾有关方面认真负责、公正并合情合理地处理好相关的善后事宜。

台湾中天电视台记者：请问发言人，在东京影展上两岸代表团发生了冲突，尤其是大陆代表团团长江平的发言在台湾内部引起了相当大的反弹，国台办如何看待他的发言，认为是他个人的言论吗？另外，怎么看台湾未来参加国际事务上，尤其像这样比较属于文化上的影展，抱持什么样的态度？

杨毅：东京影展出现的风波，可能是当事各方沟通不够所致，由此引发的状况是我们不愿看到的。两岸电影界同仁多年来为推动两岸电影事业的发展、为共同弘扬中华文化进行了很好的合作。相信这件事不会影响两岸电影人今后的合作。

我们总的想法是，在两岸关系不断改善和发展的新形势下，两岸双方应在涉外事务中避免内耗，共同维护中华民族整体利益。至于如何对待台湾参与国际活动的问题，我们的立场已做过多次表达。

福建海峡卫视记者：还是延续苏花公路坍塌事件的问题，这次事件可以说是两岸旅游业开放以来最严重的一次事件，不知道两岸今后是否会就相关的避险机制，包括旅游的预警机制进行联合的制定或者研究。我们知道最近赴台自由行相关方案，台湾方面已经公布一部分，首批开放的据说是大陆500强企业的员工，请问发言人怎么看待这个问题？苏花公路这次事件是否会影响到两岸自由行的开放时间？

杨毅：按照《海峡两岸关于大陆居民赴台湾旅游协议》，海峡两岸旅游交流协会和台湾海峡两岸观光旅游协会建立了应急协调机制，负责处理旅游中发生的紧急事故和突发事件，我想你提到的问题，海旅会、台旅会会就此交换意见。

关于这个事件对两岸旅游有什么影响，短期来看影响可能会有。但是我相信，加强两岸同胞的交往，符合两岸同胞的愿望和利益。经过双方认真总结经验教训，进一步完善协议的执行，特别是提升旅游安全保障工作，大陆居民赴台旅游仍然会持续、健康、有序地发展。

香港凤凰卫视记者：刚才您也提到了东京影展的冲突，请问发言人，这次冲突对于两岸之间的文化交流是否会有一些负面的影响？尤其是对台湾进口的电影配额会不会有一些影响？

杨毅：刚才我已经讲过了，相信这件事不会影响两岸电影人今后的合作，不会影响两岸电影界的交流。

福建东南卫视记者：日前台湾有关方面表示说，近期两岸的渔民在台湾海峡发生的纠纷比较多，所以将对大陆渔船的越界捕鱼采取相关的措施，并提出将护渔的议题列入两岸两会第七次会谈，请问大陆方面对此持什么样的态度？

杨毅：长期以来，两岸渔民在同一传统海域生产作业。大陆方面为此在沿海设立了接待台湾渔民的各类设施，提供避风、补给、供水以及险难救助。大陆方面采取措施加强管理，积极引导大陆渔民有序作业，以减少纠纷。我们也一再地呼吁台湾方面，正视两岸渔民在台湾海峡生产作业的客观事实，为两岸渔民的正常作业提供保护，共同维护台海渔业生产的秩序。我们愿意适时讨论两岸渔业合作的问题。

台湾东森电视台记者：我们都知道，台湾“警政署长”王卓钧已经来到北京访问，而且要跟公安部部长会面。请问双方主要合作的项目有哪些？第二，这些会谈和参访过程能否开放给媒体？

杨毅：应《两岸共同打击犯罪及司法互助协议》大陆方面联络人的邀请，台湾刑事侦防协会顾问、警务部门负责人王卓钧先生于10月26日至11月2日率团来访，与大陆警方研商落实《两岸共同打击犯罪及司法互助协议》的相关事宜。

台湾《旺报》记者：这次王毅主任访美提到两岸关系发展快、慢的问题，因为现在台湾那边认为两岸关系进展速度刚刚好，大陆这边怎么看待？认为现在两岸关系发展是快、是慢？还是刚刚好？另外，ECFA生效以后，到现在经合会运作都还没有一个对外的公布，这样的进展速度是不是有一点慢？

杨毅：王主任在美国已经讲得很清楚了，两岸关系的发展有其内在的需求和客观的规律，所以，慢一点、快一点都并不重要。现在关键是要共同致力于两岸关系的稳定发展，确保两岸关系和平发展保持正确的方向。

第二个问题，自从两岸经济合作框架协议签署以来，双方就设立两岸经济合作委员会分别进行了研究。日前，两会就经合会的设想进行了沟通，双方的共识在不断增加。双方同意继续就经合会的组成、运作方式等问题进行磋商，以便尽快成立两岸经合会，保障早期收获顺利实施和后续协商按时开展。

厦门卫视记者：广州亚运会马上就要开幕了，请发言人介绍一下台湾方面参加广州亚运会的相关情况？

杨毅：据了解，由560人组成的中华台北体育代表团将参加即将在广州举行的第十六届亚洲运动会。其中，运动员397人，将参加亚运会32个大项的比赛。我们还将邀请台湾嘉宾出席亚运会开幕式活动。我们欢迎广大台湾同胞届时来广州观看亚运会，也预祝台湾的体育健儿在本届亚运会上能够取得好成绩。

深圳卫视记者：近期台湾方面有人说，虽然现在大陆赴台采购团组越来越多，但与台湾方面签署的采购意向书实际到位率不高，并称对台采购还带有统战的意味，不知道发言人对此有何评论？

杨毅：这种说法既不负责任，也不符合事实。大陆赴台采购，体现了大陆同胞对台湾同胞的善意，目的是为了帮助台湾克服国际金融危机带来的不利影响，深化两岸经贸合作，已经得到了台湾各界人士的普遍肯定和欢迎。大陆相关行业协会和部分省、自治区、直辖市赴台签订的采购合同，我相信都会切实履行。当然，合同的执行都有一个过程，都有一个时间上的安排，我想这也是商业常识。

中国台湾网记者：请您介绍一下王毅主任访美的有

关情况，请问取得了哪些主要成果？

杨毅：王毅主任于10月19日至23日访问美国，看望和慰问了旅美的两岸同胞，并同美国国务院和白宫的高层官员以及美国智库的专家学者深入交换了意见。

王毅主任这次访问的主题可以用四个字来概括，那就是“稳定发展”。王毅主任明确表示，大陆方面将坚定不移地沿着两岸关系和平发展的方向，谋求两岸各领域交流合作的稳定发展。因为这反映了两岸同胞的共同需要，也是海内外中华儿女的普遍心愿。为此，两岸双方及两岸同胞应当共同努力，继续维护反对“台独”、坚持“九二共识”的政治基础，不断累积共识，深化互信。继续按照先易后难、先经后政的基本思路，稳步推进两岸各领域的交流。

王毅主任此次访问所取得的成果，可以用两个词来概括，那就是“理解”与“支持”。海峡两岸是一家人，改善彼此的关系，解决存在的问题，是两岸之间的事情，但也离不开国际社会的理解和支持。在访问中，我们高兴地看到，理解和支持两岸关系的改善发展已成为美国政府、智库以及侨胞等社会各界的共识。美方表示理解和尊重中国的核心利益，重申将继续奉行一个中国政策。美方希望两岸关系保持当前改善和发展的良好局面，支持两岸通过协商解决彼此间的问题。美方还表示，对于有利于改善两岸关系的事，只要两岸双方同意，美方都会乐见和支持。

新华社记者：据台湾方面透露，列入第六次两会商谈的投资保障协议和两岸医药卫生合作协议，目前双方已针对相关事宜进行了联系安排，请发言人介绍相关进展情况。

杨毅：两会正在协调两岸有关方面按照第五次两会商谈确定的两个议题，即两岸医药卫生合作和两岸投资保护协议，加紧进行协商的各项准备工作，我了解的情况，目前这两个议题都已经进入业务沟通阶段。

台湾《中国时报》记者：关于苏花公路塌方事件，请问大陆方面是否觉得台湾现在的救灾作为还不够妥善，还有些做得不够的地方？

杨毅：还是那句话，人命关天，大陆的这些失联游客的家属都很焦急，所以我们还是希望台湾有关方面能够采取一切有效的措施，继续全力来搜寻这 20 位失联的大陆游客。

《法制晚报》记者：您刚才在开场白里提到，希望台湾方面认真总结这次苏花公路坍塌事件的经验教训，不知道我们这边是否已对这个经验教训有一个轮廓性的概念？大陆游客有质疑说，在暴风雨来临之前本应该封路的，但是台湾方面没有采取这个措施，这是否包含在经验教训之内？

杨毅：我想当务之急还是加强搜救，尽快找到失联人员的下落。至于你提到的问题，我想两岸有关部门会认真对待。

台湾中天电视台记者：根据媒体报道，陈云林会长将在明年1月中旬的时候到台湾访问，而且要到高雄和屏东大规模采购，想请发言人核实。

杨毅：陈云林会长率海协企业界理事赴台交流访问，这是两会商定的交流项目，至于何时成行，目前还没有确定，还需要双方来进一步商量。

台湾《联合报》记者：刚才发言人介绍了从明天开始正式实施的五个服务业部门早期收获开放措施，可不可以请发言人比较详细地介绍一下关于视听进口电影片配额的部分？

杨毅：今天在我宣布这个消息的同时，商务部的网站会挂出相关的资料，您可以去查询。

澳亚卫视记者：我们注意到，这两天报道称，已经有4000多万人民币运抵台湾进行自由交易，请问这项举措会不会对两岸经济合作产生积极的影响？

杨毅：中国人民银行授权中国银行香港分行，向经台湾方面认可的商业银行的香港分行提供人民币现钞，我想这是两岸加强金融交流与合作的一个很大的进展，相信会对两岸的金融合作、对两岸的经济合作产生积极的推动作用。

《法制晚报》记者：关于自由行的问题，台湾方面现在提出一个方案，一是先开放大陆500强企业的员工，二是提出一个时间点，最快在明年元宵节前实施，请问您知道这个消息吗？大陆对此持什么态度？

杨毅：自由行的问题还需要由双方来共同商量。

谢谢各位出席今天的发布会，再见。

[发布时间] 2010 年 11 月 10 日
[发 布 人] 范丽青
[发布地点] 国务院台湾事务办公室新闻发布厅

国务院台湾事务办公室
新闻发布会

2010 年 11 月 10 日

11 月 10 日上午，国台办在发布厅举行例行新闻发布会。发言人范丽青首先介绍了两岸知识产权保护合作协议签署后双方推动落实的相关情况，以及广州亚运会涉台方面情况，然后回答了记者提问。

范丽青： 各位上午好，欢迎参加发布会。今天我首先给大家介绍一下《海峡两岸知识产权保护合作协议》的一些实施情况。

《海峡两岸知识产权保护合作协议》已于 9 月 12 日正式生效。为尽快实施协议各项安排，惠及两岸同胞，海协会与台湾海基会分别组织业务主管部门人士交流互访，就落实协议相关技术性问题进行沟通，并达成共识。

大陆有关方面同意于2010年11月22日起，受理台湾同胞提出的专利、商标、植物新品种申请的优先权请求，有关规范将于近日发布。此外，在大陆版权主管部门完成相关手续后，台湾著作权保护协会即可开始办理台湾地区音像制品进入大陆市场的认证服务。

《海峡两岸经济合作框架协议》签署以后，双方知识产权主管部门继续推动两岸行业团体举办知识产权论坛，已于今年9月、10月先后举办第四届两岸商标论坛、第三届两岸著作权保护论坛。今年12月还将在台湾举办两岸专利论坛、品种权保护研讨会。我们相信，在两岸各界共同努力下，《海峡两岸知识产权保护合作协议》将对促进两岸经济、科技、文化的交流与繁荣发挥更大作用。

大家都知道，第十六届广州亚运会将于11月12日在广州开幕。据了解，11月8日，中华台北代表团已抵达广州。中华台北体育代表团由560人组成，其中运动员397名，将参加亚运会32个项目的比赛。中国国民党荣誉主席吴伯雄、副主席蒋孝严，无党团结联盟主席林炳坤等148位台湾嘉宾将出席广州亚运会开幕式。

广州亚运会受到两岸同胞的关注，台湾同胞热情关心、大力支持并积极参与。大陆同胞热情欢迎台湾体育健儿和各界人士的到来，也欢迎更多的台湾同胞前来观看亚运比赛，到广州参访交流。这里我要特别告诉大家，为方便台湾同胞到广州观看亚运比赛，国家外汇管理局近日已批准中国工商银行、中国银行在广东省开办新台币与人民币现钞双向兑换业务。相信这一措施将会为台湾同胞带来更多便利。

我们衷心祝愿台湾体育健儿在本届亚运会上取得优异成绩，相信通过本届亚运会的竞技交流，两岸同胞将进一步加深相互了解，增进感情，共同促进两岸交流与合作。

福建东南卫视记者：台北的花博会11月6日已经正式开幕了，请发言人介绍一下这次大陆参与台北花博会的情况。据悉，台湾方面将邀请陈云林会长参观花博会，对此有何评论？

范丽青：“2010年台北国际花卉博览会”于11月6日在台北开幕。应花博会主办方的邀请，北京、上海、西安花卉协会赴台参展，上海和西安的展园分别为“海韵园”和“西安的院子”，北京是参加室内花卉展览。根据我们了解，一些大陆的赴台交流团、旅游团已经先睹为快，参观过台北的花博会，他们参观之后也给予花博会积极的评价。我们预祝台北花博会取得圆满成功。

对于邀请陈会长参观花博会，我想他一定很乐意接受，但有关行程应该由两会来协商确定。

台湾中天电视台记者：最近台湾节目主持人对马英九骂粗话的事件在台湾引起很大的争议，其中一个焦点是在于台湾对于大陆学生的补助。请问您对于台湾方面补助大陆学生赴台的政策有没有什么看法？

范丽青：我们一向大力支持两岸的教育交流，也希望台湾学生在大陆学习取得更好的成绩，更加顺利，同样我们也希望大陆学生赴台求学，也能受到公平待遇，他们学习和生活的环境更好。台湾方面的规定我还不太了解，我倒是可以介绍一下台生在大陆求学的相关政策。我们自2005年秋季开始，对已经录取到大陆普通高校和科研院所学习的台湾本科生、硕士研究生和博士研究生，执行与大陆学生相同的收费标准，也就是说，在同一个学校、同一科研院所、同一年级、同一专业学习的台湾学生和大陆学生，学费标准一致；在住宿方面，只要是同等条件下，住宿费的收费标准也一致。另外，为了鼓励更多的台湾学生到大陆来学习交流，教育主管部门还安排了专项资金，设立台湾学生的奖（助）学金，用于奖励到大陆的普通高校和科研院所学习的台湾本科生和研究生。

深圳卫视记者：请您给我们介绍一下，前段时间在台湾苏花公路失踪的大陆游客的善后事宜，同时想请教两岸在应对突发自然灾害方面目前已经展开了哪些合作，今后有没有可能总结这个经验教训，避免类似事件的发生？

范丽青：19 名大陆游客因“鲇鱼”台风在台失踪的不幸事件发生后，台湾方面积极组织力量进行搜救。在两岸双方共同努力和遇难游客家属通情达理的配合下，有关善后已得到初步处理，遇难游客家属已返回。

多年来，两岸气象界、地震界通过定期举办研讨会等形式，已经开展较为频繁的科技合作和交流。去年 12 月，两会第四次会谈已就双方在地震、风灾、水灾等自然灾害的预报、预警及监测等方面加强资讯分享与交流达成共识。

我们希望在两会已达成的共识基础上，进一步建立两岸双方在灾害预警、应急处置等方面的常态化互助和保障机制，吸取此次大陆游客在台遇险事件的教训，为两岸交流、民众往来提供更大保障。

《中国日报》记者：有两个问题。第一，前段时间吴伯雄邀请广东省委书记汪洋明年到台湾访问，请问大陆方面是否会批准？第二，有消息说 12 月份两会将会探讨投资保障和医疗卫生方面的问题，希望发言人做一下介绍。

范丽青：第一个问题，我没有这方面的讯息。

关于已列入第六次两会商谈的投资保护与两岸医药卫生合作两项议题，目前两会专家已经启动了工作性商谈。

香港凤凰卫视记者：美联储即将推行的二次量化宽松货币政策将会促使“热钱”大举进入新兴市场，尤其中国会首当其冲。随着两岸之间的经济合作越来越紧密，台币升值的压力也会非常大，两岸会不会启动相应的金融合作机制，来共同对抗这个热钱？还有，连战先生也证实，将会在 APEC 举行期间和胡锦涛总书记进行会谈，除了一些经济议题，两人会不会谈到两岸的军事互信以及一些政治议题？

范丽青：两岸的金融合作方面，会依照两岸已签署的金融合作协议和两岸金融业监管合作备忘录的规定来进行，具体问题有待双方进一步协商。

APEC 领导人非正式会议即将在日本举行，在此期间，胡锦涛总书记将会见中国国民党荣誉主席连战先生，相关的会见活动正在安排中。

厦门卫视记者：现在有消息说，备受关注的大陆居民赴台旅游自由行目前由双方的主管单位规划是以北京和上海两个城市为优先开放的试点区域，开放时间大概在明年的7、8月。请发言人证实相关的情况。另外也想请发言人介绍一下，目前正在举行的第十六届两岸金融学术研讨会的相关情况。

范丽青：推动大陆居民赴台个人游，是有利于加强两岸民众交流的好事。目前我们还是希望双方继续共同努力，在条件成熟后，选择适当的城市和地区进行试点。

11月9日至10日，由中国金融学会主办，中华经济研究院、台北金融研究发展基金会合办的第十六届两岸金融学术研讨会在北京举行。研讨会的主题是“ECFA签署后两岸金融业面临的机遇与挑战”。两岸金融学术研讨会自1993年以来已经在两岸轮流举办了16届，两岸金融专家和业界人士利用这一平台，就两岸金融业合作的相关议题进行了广泛深入的交流讨论，对加强两岸金融交流与合作都发挥了积极的作用。作为学术研讨，两岸的专家学者和业者都会在会上各抒己见，广泛地交换意见。

福建海峡卫视记者：最近就两岸的教育“双联学制”的问题，有台湾的相关教育人员表示说，年底就会有一个结果，请发言人证实一下这个情况。另外，最近举办的海峡两岸校长论坛上面，有学者表示说，两岸应该尽速签署教育合作协议，不知道发言人对此有何评论，两岸是否就此展开相关的协商？

范丽青：推动两岸的教育交流以及商签两岸的教育交流合作协议，这方面两岸的教育界都有很高的呼声，是否纳入两会的协商议题，还要经过两会协商确定。

新华社记者：有两个问题。第一，请介绍两岸经济合作委员会筹办的相关情况。第二，想问一下下半年将举行两会领导人会谈，现在筹备到什么程度了？陈云林会长何时赴台，包括访台地点，有没有更进一步的信息？

范丽青：根据两岸经济合作框架协议的规定，两会已就设立两岸经济合作委员会的相关问题保持着沟通。目前双方正各自进行经合会组成等事宜的准备工作。

第六次两会领导人会谈的具体安排，有待两会协商确定。

台湾《旺报》记者：台湾“五都”选举即将举行，有些看法认为它是地方选举，也有些看法认为它是2012年选举的前哨战。对这个选举台办这方面有什么期待？

范丽青：对于台湾的选举，我们不评论。我们希望台湾经济发展，社会安定，民众生活幸福。

台湾《联合报》记者：延续广州亚运会的问题，现在确定说中华台北进场的顺序是第几位？

范丽青：关于广州亚运会台湾方面代表团的入场排序，是按亚运会惯例进行的。中华台北体育代表团参加广州亚运会的出场顺序，依据各国家和地区奥委会的英文简称，按照英文字母顺序进行排序。据此，中华台北体育代表团在亚运会开幕式的出场顺序是第36位。这个排序在亚运会筹备阶段就已经确定了。

《法制晚报》记者：有两个问题。第一，近日福建省旅游局官员表示，在自由行方面，他希望按照“小三通”游金马的方式在福建先试行，请问国台办方面有没有这样的考虑？第二，刚才您提到，两岸在气象预警方面已有接触，这次苏花公路坍塌事件之后，加上旅游人数越来越多，在事后救援方面，两岸有没有考虑合作？

范丽青：第一个问题，关于自由行，我还是那句话，会在时机成熟的时候，选择适当的城市和地区来进行。

第二个问题，这次因为“鲇鱼”台风这样一个天灾引起了公路坍方，影响了大陆居民赴台旅游的行程，而且有一些大陆游客在这个事件中不幸罹难。在事件发生以后，一方面，旅游界比如说海旅会和台旅会之间有非常密切的联系和沟通；另一方面，海协会和海基会也进行了密切联系和沟通。台湾方面调派各方面的人力、物力积极进行搜救，这些大家都有目共睹。我刚才讲到，今后我们希望在两会已经达成的共识基础上，进一步建立两岸双方在灾害预警和应急处置等方面的常态化互助和保障机制，为两岸交流和民众往来提供更大的保障。

今天的发布会就到这里，谢谢大家。

[发布时间] 2010年11月24日

[发 布 人] 范丽青

[发布地点] 国务院台湾事务办公室新闻发布厅

国务院台湾事务办公室
新闻发布会

2010年11月24日

11月24日上午，国台办在发布厅举行例行新闻发布会。发言人范丽青首先发布了两岸警方联手破获一起特大走私毒品案件的消息，然后回答了记者提问。

范丽青：各位上午好。经过两岸警方近三个月的合作侦办，11月22日晚，福建、广东两省公安禁毒部门与台湾警方联手对一起特大走私毒品案件实施收网行动，共抓获毒品要犯5人，缴获氯胺酮154千克、冰毒3千克，摧毁了一个长期跨连两岸的走私贩毒团伙。

下面请大家提问。

新华社记者：我有两个问题。第一，有报道说，今年的海峡两岸两会领导人第六次会谈，时间和地点，台湾方面已经敲定了，有可能会在台北，时间有可能在12月中旬，请发言人予以证实。之前有报道说，台湾方面有建议想在花莲举办，不晓得大陆方面对这个有什么回应，是否已经达成默契？第二个，关于经合会的问题，重庆台湾周的时候，国台办主任王毅曾经向媒体表示说经合会可能在年内成立，请问发言人，这个进展是什么样的？

范丽青：第一个问题，当前，两岸医药卫生合作、两岸投资保护协议的业务沟通正在进行。至于两会第六次会谈的时间、地点等具体的安排还需要两会协商确定。

第二个问题，两岸经济合作框架协议的早期收获计划将于明年1月1日全面实施，两岸经济合作委员会作为框架协议的执行与后续磋商机构，将承担保障早期收获顺利实施的责任。两会就设立两岸经合会的相关问题一直保持着沟通，已经取得了明显进展。希望双方共同努力，确保在年内成立经合会，以便展开相关工作。

台湾中天电视台记者：请问中华台北队跆拳道选手杨淑君在广州亚运会上被判定失格的事情，现在台湾方面已经决定要循国际诉讼法，打一个国际官司，不知道中国大陆作为亚运会的东道主，在这个事件上面会不会给予台湾协助？

范丽青： 广州亚运会还在进行着，到 11 月 23 日为止，中华台北队在本届亚运会上已经取得了 12 枚金牌、11 枚银牌、29 枚铜牌的好成绩，在奖牌榜上位居第四位，已经取得了中华台北队在亚运会上最好的成绩，创造了历史纪录。我们祝贺台湾体育健儿取得佳绩。两岸是同胞兄弟。在这次广州亚运会的比赛场馆，处处都可以看见大陆观众为中华台北队加油鼓劲的场景。作为东道主，我们一直努力为中华台北队提供良好服务，真心希望台湾体育健儿取得好成绩，赢得更多的奖牌。

对于中华台北队跆拳道选手杨淑君被取消比赛资格一事，我们深感惋惜。王毅主任 18 日接受记者采访以及我办发言人当天已就此表明了我们的态度。亚运会是国际赛事，对有关裁决，我们不便评论，但我们还是在力所能及的范围内，尽力为中华台北队提供了协助，争取了权益。我们已经并将继续敦促有关国际体育组织，认真查明事实真相，作出实事求是的说明，维护运动员的正当权益。

现在距离本届亚运会闭幕还有 3 天，我们衷心祝愿中华台北队再接再厉，取得更优异的成绩。

福建东南卫视记者：目前福建和台湾有关方面正在积极商讨，在沿海金门、平潭等岛屿建立免税购物区来推动当地旅游，不晓得国台办对这个方案持什么样的立场和态度？

范丽青：你说的这个情况我还不了解。我在这里可以答复你的是，我们积极支持在平潭建立两岸合作的综合试验区，实施更加优惠的政策，探索两岸共同规划、共同开发、共同经营、共同管理、共同受益的合作新模式。同时，我们支持福建其他地区以各种适当方式加强与台湾的经济交流与合作。

台湾中视记者：最近萨尔瓦多总统表示有意和大陆建交，不晓得发言人对此有什么评论？

范丽青：没有这回事。

福建海峡卫视记者：最近台风“鲶鱼”已经过了，但是岛内旅游业者表示说，现在大陆居民赴台旅游有些低迷，出团率也比较低，不知道发言人能不能介绍一下台风之后大陆居民赴台旅游的情况。另外，我们这边有没有采取一些措施来消除大陆居民赴台游，特别是想往东线游的居民对于旅游安全方面的顾虑？

范丽青：旅游有一些季节性的因素在内，是否因“鲶鱼”台风受到严重影响，目前也没有确切的数据可以证明。对“鲶鱼”台风中大陆游客发生的遇险事件，两岸有关方面都尽力进行了援助和救助，并且做好善后工作，这个方面我相信大陆的广大民众都看在眼里。我们希望大陆居民赴台旅游继续健康有序发展，也希望相关旅游行业为大陆居民赴台旅游提供更好的服务。

中央电视台《海峡两岸》记者：台湾有关方面表示，海旅会和台旅会将于近期恢复协商，大陆游客赴台自由行将会纳入商谈议题，请发言人予以证实，并介绍相关情况。

范丽青：根据我们了解，海旅会和台旅会近期将会举行工作磋商。关于试点开放大陆居民赴台个人游的议题，将会是磋商的内容之一。

目前大陆居民赴台旅游总体情况良好。根据目前发展态势，今年全年大陆赴台游客数量有望达到 120 万人次。开放大陆居民赴台个人游，有利于加强两岸民众交流。目前，双方都正在各自深入研究开放赴台个人游的可行性，并为此积极地创造条件。

中央人民广播电台和你好台湾网记者：大陆三部委日前发布了大陆企业赴台湾地区投资管理办法，但是由于主客观方面的因素，特别是台湾地区市场规模和一些限制，有条件、有意愿赴台投资的大陆企业不是很多，请问发言人对此有什么评论？有业者表示说，第一轮投资热可能会在一年之后出现，请问大陆对此的预期是怎样的？

范丽青：《大陆企业赴台湾地区投资管理办法》已经公布了，在网上大家可以查看一下。对于大陆企业赴台投资，我们积极鼓励，相信企业会根据自己的经营状况以及台湾的市场环境来进行考察和评估。具体会在什么时间出现投资高潮，我无法作出预计。大陆企业赴台投资可以为两岸经济共同繁荣创造更好的机会，我们一直大力支持。

《法制晚报》记者：请问自由行的时间，有没有可能在春节前开启？

范丽青：关于大陆居民赴台个人游的问题，目前双方都在各自进行准备，认真开展研究，积极创造条件。

台湾《联合报》记者：在杨淑君的事情发生之后，台湾有一股声音认为这是中韩联手做掉杨淑君。昨天民进党“立委”也有提交一个声明，希望律师跟广州这边提告的时候，连技术委员赵磊一并提告，请问台办这边做何回应？

范丽青：我本来不想说此事，因为没有必要炒作。既然你提到了，我告诉大家几点事实。第一，赵磊并不是跆拳道教练，他和获得金牌的大陆选手也不存在师徒关系。第二，事件的起因是一名技术工程师发现杨淑君所穿电子袜脚后跟有两片感应贴片，认为有问题。第三，赵磊在其职责范围内尽力维护了台湾选手的权益，比如，促成了中华台北女子跆拳道队能够继续参赛。目前，事件已经进入了调查阶段，我们将继续敦促有关国际体育组织，尽快查清事实真相。

厦门卫视记者：日前岛内有一份最新的调查数据显示，今年以来在大陆经营的台资企业面临着加薪和缺工的双重压力，特别是用工短缺的问题占到了七成之多，请问发言人是否掌握了这方面的情况？台办方面是否会对台资企业所面临的一些问题予以帮助？

范丽青：近来，随着市场的回暖、经济的回暖，大陆各地的企业生产渐渐趋于稳定，订单也在增加，缺工的现象确实存在。但是总体来说，大陆的劳动力资源是丰沛的，部分地区的缺工现象是季节性、区域性和结构性的，经过政府和企业共同努力，是可以解决的。

目前，一些台资企业比较集中的地区用工需求是比较多的，这些省市已经采取了一些办法，来帮助台资企业应对用工紧缺的问题。比如说，发放免费的求职指南，组织台资企业到外省市去招工，举办台资企业的专场招聘会，适当提高最低工资标准，加强省际的劳务合作，加强对员工的一些培训等。我相信，随着这些措施逐步落实，将会对缓解当地用工难起到积极的作用。

台湾《中国时报》记者：大家比较关心的还是三天后的台湾“五都”选举，选举的最后结果将对两岸目前在开展中的交流产生哪些影响？另外，去年年底在台湾召开的“一甲子”学术会议，有关两岸各界人士曾经针对有关军事外交还有相关重要的政治问题展开对话，听说今年预定在台湾召开类似会议，有一些学术方面的交流，目前这方面的规划进度大概怎么样？大陆方面组团情况怎样？

范丽青：“五都”选举还没有进行投票呢。第二个问题，你说的事情我没有听说过。

澳门澳亚卫视记者：大陆航空公司会否增开一些航班帮助在大陆的台商返台，参加“五都”选举的投票？另外，返台机票的价格会否跟随台湾航空公司的价格进行涨价？

范丽青：关于机票以及增开航班的问题，据我们了解，台企联和各地台协应台商的要求，与一些航空公司进行了沟通，具体情况请向台企联和各地台协了解。

发布会到此结束，下次发布会再见。

[**发布时间**] 2010 年 12 月 15 日
[**发 布 人**] 杨 毅
[**发布地点**] 国务院台湾事务办公室新闻发布厅

国务院台湾事务办公室
新闻发布会

2010 年 12 月 15 日

12 月 15 日上午，国台办在发布厅举行例行新闻发布会。发言人杨毅回答了记者提问。

杨毅：各位早上好，下面开始提问。

台湾中央社记者：两会领导人第六次会谈即将在台北举行，按照过去制度化协商的惯例，两会领导人在会谈结束之前也会针对下一次议题展开磋商。请问第七次协商除了这次没有签成的投资保障协议之外，是否还有其他一些协议打算提出？

杨毅：两会下一次的协商议题要由这次两会领导人

会谈来确定。

《中国日报》记者：我有两个问题，第一个问题，本周广州将会举行有关纪念孙中山、辛亥革命的两岸交流活动，请介绍有关情况。第二个问题，在三部委联合出台陆资赴台的规定之后，现在大陆在台湾投资主要还是主要集中在饮食这方面，请问发言人对这个现象怎么评价？

杨毅：像你刚才讲到的，由两岸中山大学、广东省海峡两岸交流促进会、台湾中华文教经济发展协会共同举办的“2010年海峡两岸中山论坛”将于12月16日至18日在广州举行。中国国民党副主席蒋孝严、新党主席郁慕明，以及海峡两岸从事孙中山思想研究的专家学者大概200多人将出席这次研讨会。中共中央政治局委员、广东省委书记汪洋，中共中央台办、国务院台办主任王毅将出席论坛的有关活动。大家都知道，广东是孙中山先生的故乡，是孙中山先生从事革命活动的重要根据地。本届论坛将以“弘扬中山精神，共同振兴中华”为主题，围绕“中山思想与中华民族的复兴”、“中山思想与现代化建设”、“中山思想与辛亥革命”、“中山思想与黄埔精神”等议题进行深入的探讨和交流。主办单位让我转告各位，欢迎大家届时莅临采访。

第二个问题，台湾方面开放大陆企业赴台投资的时间还不长，现在应该说有一个好的开头，当然情况可能与预想的还有些差距。我们将一如既往地鼓励陆资赴台投资，我们也希望台湾方面进一步开放投资的领域，为陆资赴台投资创造一个好的环境和条件。

台湾东森电视台记者：我们也知道第六次两会领导人会谈马上就要在台北举行，之前不管是在台北或是在台中举行的时候都会有大批民进党人士包围，或发生一些事端，这次再去不知道国台办方面担不担心还会有这样的事情发生？第二，这次陈会长去，好像没有参访南部的行程，也不经过一些南部的县市，是不是也是因为担心会擦枪走火？

杨毅：像前两次海协会代表团到台湾去协商一样，两会协商是在为两岸老百姓办好事、办实事，是推动两岸交流合作，我相信会继续得到广大台湾同胞的支持。

你提的第二个问题，和你所说的担心无关。事实上两会已经达成简化会谈行程安排的共识，这次海协会代表团在台北市集中安排了两会会谈的相关日程，没有到其他县市参访的考虑。

福建东南卫视记者：昨天，海协会和海基会在上海举行了第六次两岸领导人会谈预备性磋商，并且确认了在第六次会谈中不会签署两岸投保协议，也做了一些说明，国台办对第六次两岸领导人会谈不签署两岸投资保护协议是什么态度？能不能说明一下具体的原因？

杨毅：今年9月12日《海峡两岸经济合作框架协议》生效后，双方依据框架协议的相关规定，就建立投资保障机制、提高投资相关规定的透明度、逐步减少双方相互投资的限制，以及促进投资便利化等具体事宜进行了多轮磋商，已经取得积极的进展。当然，这项协议涉及面非常广，双方各自都需要完成大量的沟通协调工作，并共同处理诸多的技术性问题。所以要赶在这个月下旬在台北举行的两会领导人第六次会谈时签署这样一份既遵循通行的惯例和做法，又体现两岸特色的投资保护协议，从时间上讲确实来不及，届时在两会领导人第六次会谈的时候，将共同对外公布协商所取得的阶段性成果。

这里我也想顺便再说两句。最近一段时间以来，岛内就这个协议有不少的议论，一些说法并不准确。两岸投资保护协议当然应当有投资保障的条款，但是也应当包括促进双方相互投资的内容。我想这也是题中应有之义，二者相辅相成、相互依存，不可偏废。片面地强调某一方面，我看都是不妥当的。我们希望两岸双方继续共同努力，彼此照顾对方的关切，加快协商的进度，争取早日签署一份互利双赢的好协议。

厦门卫视记者：快到年底了，原先预计今年大陆游客赴台旅游人数将达到120万人次，请问这个目标是否能够实现？另外，台湾方面也预测在明年的时候，大陆游客将达到220万人次，在2012年将会达到360万人次，您对此有何评论？

杨毅：今年以来，大陆居民赴台旅游的发展很快，据统计，截止到12月3日，大陆居民赴台游已经达到109.5万人次，预计全年达到120万人次应该没有问题。

扩大两岸旅游交流合作，符合两岸民众利益，顺应两岸关系和平发展大趋势。希望在两岸同胞的认同和支持下，两岸旅游界继续加强合作，推动大陆居民赴台旅游良性发展。

中央电视台《海峡两岸》记者：我们看到有报道说，前任昆山台商协会会长积欠银行、原料商大笔款项无力偿还。台企联表示，目前不少出口型台商经营艰困，可能近期还会出现类似情况。国台办是否了解有关情况，将采取哪些措施协助解决？

杨毅：我了解的情况，你所说的昆山这家台资企业出现生产经营困难的情况，当地政府十分关心和重视，已经采取多项帮助措施。目前，当地有关部门正在指导该公司与当地企业洽谈重组事宜。我们始终关心在大陆的台资企业的发展，各地台办也经常走访当地台资企业，积极地为台商排忧解难，支持台资企业在大陆发展壮大。

台湾 TVBS 记者：在“五都”选举之后，民进党提出了“十年政纲”部分初稿，而民进党前“立委”林浊水日前也表示说民进党政策走向不会再像过去那样跟大陆严重对抗。请问发言人对这样的态度有什么样的看法？

杨毅：两岸关系和平发展是大势所趋。我们希望民进党能够真正认识到，“台独”主张不符合台湾同胞的根本利益，是没有出路的。

深圳卫视记者：我们想了解一下，这次在台北的两会商谈会不会涉及赴台自由行的议题。同时在前段较早时间有台湾媒体报道，最早在明年初可能会试行大陆商务人士优先开放赴台自由行。请发言人予以证实。

杨毅：开展大陆居民赴台个人游是一件有利于加强两岸民众交往的好事，应当积极推动。我了解大陆有关方面正在进行各方面的准备，海旅会和台旅会在前不久进行的磋商中就此议题交换过意见，取得了初步的共同看法，我们希望双方早日完成相关的准备工作，以便在明年适当时候开始赴台个人游的试点。

新华社记者：台湾当局大陆事务主管部门的负责人赖幸媛日前再度重申了所谓“七大核心利益”，并强调唯有这些核心利益得到尊重和确保，两岸关系才能更稳定地向前发展。请问发言人对此有何评论？

杨毅：坚持“九二共识”，反对“台独”是改善和发展两岸关系的基础和前提。两岸同胞是血脉相连的命运共同体，台湾的前途系于两岸关系和平发展，系于中华民族伟大复兴。我们希望两岸双方继续本着建立互信、搁置争议、求同存异、共创双赢的精神，妥善处理政治分歧，保持两岸关系和平发展的正确方向。

中新社记者：您刚才说到第六次两会商谈不签投保协议是因为时间上来不及，请问现在两会商谈除了时间之外还存在哪些主要的问题和困难？

杨毅：两岸协商的议题有些简单一点，有些复杂一些，所以协商起来有的时间短一点，有的时间长一些。我想这都很正常。什么时候协商好了就什么时候签，关键是要使所签的协议确实能为两岸同胞带来好处，确实能有利于两岸加强交流和合作，确实有利于两岸关系长远的和平发展。我想这是最重要的。

台湾《联合报》记者：刚刚有提到投保协议无法签的原因，其中有一个说法是，台湾只是想要投资保障的内容，大陆想要促进相互投资的内容，这是不是两岸无法签署协议的其中一个原因，请发言人予以证实。

杨毅：关于投保协议，两会还在协商之中，希望新闻界再多一点耐心，相信两岸的协商团队能够经过沟通，处理好相关的问题，作出妥善的安排，签一份好的协议。

中央人民广播电台和你好台湾网记者：海协会副会长张铭清日前在澳门一个论坛上呼吁，两岸新闻主管部门应该进一步开放两岸新闻交流政策，提高交流层次，促进两岸新闻交流发展。请问国台办对此有何评论？下一步会不会有一些先行的措施来回应这样一个呼吁？

杨毅：在座的都很了解，两岸新闻交流长期以来一直走在两岸交流的前列，对于推动两岸民众的沟通和了解，促进两岸关系的发展，起到非常重要的作用。坦率地讲，近年来，跟两岸各项交流突飞猛进的发展相比，两岸新闻交流有点滞后。所以，在两岸关系和平发展的新形势下，我们希望双方共同来努力，积极地回应新闻界的关切，推动两岸新闻交流向前发展。也可以借鉴“先易后难、循序渐进”的思路，从容易做的先做起，来推动两岸新闻交流。比如说关于两岸媒体互设常驻机构的问题，这是两岸新闻界长期以来最强烈的呼声，也是实现两岸新闻采访正常化的基本要求。现在双方都允许对方的记者来驻点采访，时间三个月或六个月，把这种过渡性的办法转变为常驻，难度并不大。所以，我们希望双方共同努力，争取在推动两岸媒体常驻这个问题上尽快有所进展。至于新闻交流的其他方面，双方可以共同来创造条件，共同来为今后的协商做准备。

中国台湾网记者：继续赴台游的话题，有台湾媒体报道，预估明年大陆游客赴台可望每日增加到5000人，两岸协商大陆游客每日赴台限额已迫在眉睫，请问何时展开相关协商?

杨毅：海旅会和台旅会将适时就此议题进行沟通协商，继续推动大陆居民赴台旅游持续、健康、有序地向前发展。

香港凤凰卫视记者：您刚才说预计今年赴台旅游的人数将会达到120万人次，那么明年赴台旅游的人数现在有没有一个规划？包括如果明年开放对台湾的自由行，在旅游方面对港澳也是很大的冲击，在这方面有没有考虑到港澳方面的关切和利益?

杨毅：对明年的预计，现在比较有把握的说法是人数应该还会增加。你提到的对香港的冲击，大陆旅游市场资源非常丰沛，应该没有问题，不会对香港造成冲击。

《法制晚报》记者：第一个问题，还是自由行的问题，请问第一批开放的试点城市是不是包括北京？第二个问题，这次两会将签署医药卫生合作协议，请您解释一下对于大陆人民具体的福祉表现在什么方面？第三个问题，上次发布会的时候说经合会年底会成立，现在有没有一个确切的日期？第四，上半年的时候已经有半官方的机构海旅会和台旅会在运作，您如何评价这两个机构在今年两岸交流中所起的作用？

杨毅：第一个问题，目前还没有讨论到具体的城市。

第二个问题，在这个月下旬，两会领导人会谈的时候将会签署《海峡两岸医药卫生合作协议》，签署完以后，我想大家就会知道具体是什么，今天我不便透露这个协议的内容。但是我可以告诉你，这个协议是一份互利双赢的好协议，签署这份协议，对于促进两岸医药卫生事业的共同发展，对于维护两岸同胞的卫生健康权益将起到非常积极的作用。

第三个问题，关于成立两岸经济合作委员会的事情，双方一直在加强沟通和磋商，我可以告诉各位，在绝大部分的细节问题上，双方已经达成一致。很快就会有结论。

第四个问题，海旅会、台旅会互设的办事机构自成立以来，应该说对于促进两岸旅游发展发挥了非常积极的作用。

台湾中天电视台记者：第六次两会领导人会谈，陈会长有没有可能和马英九先生见面，有没有这样的安排？

杨毅：没有。这是两会商定的共识。

新华社记者：新当选台南市市长赖清德日前表示，乐见两岸城市之间的实质交流，也欢迎大陆客人来访，请问发言人对此有何评论？

杨毅：我们支持两岸县市加强交流和合作。

台湾三立电视台记者：延续刚才有关自由行这部分。在之前海旅会跟台旅会的香港会谈当中，双方就个人游这部分进行了磋商，在今后到底是要以试点城市还是要以商务客为先？据传双方在这部分还是有一些分歧，具体目前卡在哪些地方？什么时候可能成行？

杨毅：这还需要双方来进一步商量。刚才我也提到了，我们希望双方的相关准备工作能够早日完成，争取在明年适当时候来开展赴台个人游的试点。至于具体什么时间，双方还要进一步商量。

今天各地都在降温，各位多保重，我们下次再见。

[发布时间] 2010年12月29日
[发 布 人] 杨 毅
[发布地点] 国务院台湾事务办公室新闻发布厅

国务院台湾事务办公室
新闻发布会

2010年12月29日

12月29日上午，国台办在发布厅举行例行新闻发布会。发言人杨毅首先介绍了两岸经济合作框架协议早期收获即将全面实施的有关情况，然后回答了记者提问。

杨毅：各位上午好！根据两岸经济合作框架协议规定，两岸双方将于2011年1月1日起，全面实施货物贸易与服务贸易早期收获计划。

早期收获是为使两岸民众尽早享受到两岸经济合作框架协议的利益，在两岸经济关系实现自由化之前，对双方部分产品实行降税以及对部分服务贸易部门实施开放。届时，将有539项台湾产品可以享受优惠关税待遇进入大陆市场；同时，继10月28日大陆首批实施5个服务贸易部门早期收获开放措施后，又将有6个服务贸易部门对台开放。

在货物贸易方面，大陆对台降税产品主要涉及台湾中小企业、传统产业的产品，还包括大陆对台主动降税的18项农产品。货物贸易早期收获实施后，上述产品将大幅降低关税，提高在大陆市场的竞争力，有利于台湾的企业和农民扩大对大陆的产品销路。以大陆对台降税的18项农产品为例，2011年绝大部分农产品的税率将从10%以上直降为5%，广大的台湾农民兄弟可望直接从中受益。按照2009年两岸经贸统计数据，2011年早收产品对台降税金额将达到4.72亿美元，而根据今年两岸经贸快速增长的趋势来看，明年上述产品对台降税金额实际上将大为增加，数字可能远比这个数字大。另外，在服务贸易方面，新增的专业设计、医院服务、民用航空器维修、银行、证券、保险等6个服务部门的开放，将有利于台湾业者扩大在大陆市场的发展空间，为两岸同胞特别是在大陆的台胞台商提供更多更好的服务。这些都体现了大陆方面努力为台湾同胞谋福利、办实事的善意。

早期收获计划的实施，只是落实框架协议的第一步，随着后续商谈的推进，两岸经贸关系将不断向前发展，使更多的两岸同胞从两岸关系和平发展中受益。

下面我愿意回答各位的提问。

台湾中央社记者：第一个问题，有关于两岸春节包机方面，在台北举行的“陈江会”也谈了这方面议题，不晓得目前两岸针对春节包机商谈的具体情况怎么样？第二个问题，我们知道再过几天就是2011年，不晓得大陆这边对辛亥百年庆祝活动，不管是在官方还是民间，有什么具体安排？我们知道明年开始台湾也会有一些官方或者民间的庆祝活动，大陆对此持何态度？

杨毅：春节是中华民族的传统节日，两岸同胞都很重视。在大陆的台胞要回家过年，这是人之常情，我们将全力提供协助。大陆海峡两岸航空运输交流委员会和台北市航空运输商业同业公会，这两天正在台北进行协商，就明年春节期间加班机问题交换意见。台湾的业者都希望能够飞热门的航点，这我们理解，也会提供协助，但坦率地讲，由于客观条件的限制，要全部满足恐怕有困难。但是我要告诉各位，除了这些热门航点之外，还有很多二三线城市，这里面的空间非常广阔，我们将尽力满足台湾业者的需求，通俗地讲，想飞多少就可以飞多少。我们相信，通过两岸民间航空行业组织磋商会做出妥善安排，使在大陆的台胞台商能顺利地返乡过年，与家人团聚，也为春节期间赴台旅游的大陆同胞提供便利。

第二个问题，纪念辛亥革命有利于团结两岸同胞共同致力于中华民族的伟大复兴。大陆每年都会举办纪念辛亥革命的相关活动，明年是辛亥革命100周年，届时大陆会举行隆重的纪念活动，相关消息媒体上已经有披露。我们支持两岸各界共同举办纪念辛亥革命的活动。

福建东南卫视记者：台湾方面日前表示，台湾的优良农产品（CAS）的标章很快会在大陆成为合法商标，这将有助于台湾优良农产品在大陆的行销，请发言人证实，并介绍有关情况。

杨毅：据我们了解，台湾优良农产品商标，就是你刚才提到的CAS，已经在2010年11月，经过国家工商总局商标局的审核并初审公告，公告期为3个月，也就是说在3个月之内只要没有人对这个商标提出异议，就可以正式注册。我们对此乐观其成。这也是大陆方面为落实两岸知识产权合作协议采取的一个重要举措。

新华社记者：我有两个问题：第一，据悉，今后两会协商机制将发生改变，议题、时间、地点都可能会保持弹性。请问国台办对今后两会制度化协商安排有何看法？第二，台湾五大城市的市长都陆续就职，今后大陆会不会与这五大城市开展一些两岸之间的城市交流，对这方面有什么安排？

杨毅：两会自2008年6月恢复协商以来，已经签署15项协议，达成2项共识。当前，两岸呈现大交流、大合作的新局面，很多事务要通过两会来沟通和协商。下一步，除了投资保障、货物贸易、服务贸易、争端解决、经济合作等两岸经济合作框架协议后续议题的协商外，两岸科技合作、产业合作、文化教育交流合作、气象合作等议题，也需要两会协商，签署协议，以推动两岸各领域的交流合作不断迈向机制化、制度化。同时，两会还可以就两岸交流中衍生的各种问题或双方关心的其他问题交换意见，以更好地适应两岸大交流、大合作的需要。

目前，两会商谈已形成了一年两次、轮流在两岸举办的制度化安排。我们主张保持两会制度化协商稳定发展。至于具体安排，可以根据实际需要和相关议题的商谈进度，由两会协商处理。

关于第二个问题，我们一贯支持两岸县市之间加强交流与合作。

厦门卫视记者：刚刚您提到目前两岸有关方面正在

对春节增加航班进行协商，具体会增加哪些航点？有多少航班要增加？请您介绍具体的情况。另外，之前大家一直提到往返两岸航班票价过高的问题是不是能够得到解决？

杨毅：其实刚才我已经介绍过了，我再说两句，具体关于航班、航点的安排，这还要两岸航空民间行业组织来具体商量。今天是29号，我想应该很快就有消息了。至于票价问题，我们的态度非常明确，目前两岸直航票价偏高，应当降价。我们也了解，直航票价的形成受多种因素的影响，包括市场的需求、运营的成本等等，但不管怎么说，我们还是希望两岸的航空业者认真倾听两岸民众的意见，积极回应大家的关切和诉求，确定一个合理的票价，让两岸民众能够享受到更多的实惠。

台湾《联合报》记者：这两天台湾一直在讨论两岸经合会的议题，王毅主任也讲过，希望在年内成立两岸经合会，距离今年底已经剩下三天而已，两岸经合会是否会在年底之前成立？

杨毅：两会一直就两岸经合会的相关事宜进行着沟通、磋商。据我了解的情况，两会已就两岸经合会的组成、运作等基本达成共识，正在进行最后的确认，很快就会有结论。

中国台湾网记者：有报道称，台北故宫博物院方面指出台湾文物在大陆展出的前提条件是，大陆要制定"司法免扣押条款"，或者两岸签署"司法免扣押协议"，对此您有什么看法？

杨毅：我们希望两岸博物馆界加强交流，增进互信，共同推动两岸文物交流有来有往，不断发展。两岸故宫博物院近年来开展了学术交流、合作研究，以及协作办展等活动，产生了广泛影响，受到了两岸同胞的欢迎。据我了解，事实上不会发生台湾方面担心的问题，如果认为有必要，双方也可以进行沟通，作出一个双方都能接受的妥善安排。

深圳卫视记者：日前，民进党表示不愿意承认"九二共识"，请问发言人对此有何看法？

杨毅：反对"台独"、坚持"九二共识"是两岸建立政治互信的重要基础，也是两岸关系改善和发展的前提和基础。两岸达成"九二共识"的过程和全部的事实都是很清楚的，不容置疑。

中央电视台《海峡两岸》记者：日前台湾多家银行的大陆分行获准开业，中国银行也获准与4家台湾银行开展全面金融合作。请介绍近来两岸金融合作的最新进展情况，及下一步相关规划。

杨毅：随着两岸金融合作协议、两岸金融监管合作备忘录及两岸经济合作框架协议相继签署，两岸金融合作不断取得进展，在各领域得到全面推进。在银行业方面，大陆方面已经批准台湾6家银行在大陆筹建分行，其中5家分行已获准营业，大陆另外新批准了4家台湾银行在大陆设立代表处；台湾也批准了3家大陆银行在台湾设立代表处。在证券业方面，大陆已批准2家台湾金融机构的合格境外机构投资者资格，累计已批准15家台资证券公司在大陆设立29个代表处；累计已有17家台资企业在大陆的A股市场成功上市。在保险业方面，大陆已累计批准设立5家台资保险公司和13家台资保险公司的16个代表处。大陆向台湾提供人民币现钞清算业务也已正式实施。此外，银联卡在台刷卡、取现等业务陆续开通，持卡人在台消费更加便利；两岸多家金融机构建立了战略合作或全面合作关系；两岸金融界的交流更加热络，互动更为密切。今后，我们将继续积极支持两岸金融界进一步深化合作，为两岸同胞提供更加优质的金融服务，在推动两岸加强经济合作方面发挥更加积极的作用。

中国国际广播电台记者：继续刚才关于"九二共识"的问题，在民进党释出了关于不坚持"九二共识"这样的信息之后，近段时间有消息说，台湾民进党的一些县市长及前任的官员要到大陆来参访，请问国台办对此持何态度？第二个问题，近段时间海基会的董事长江丙坤表示，两岸的协商一直本着先易后难的原则，现在已经进入了难的阶段，请问发言人对此是如何看待的？日后大陆方面在对待两岸的协商方面又会采取什么样的态度和措施？

杨毅：我们讲过两句话，一句是，凡是赞成两岸关系和平发展的台湾各界人士，我们都欢迎他们以适当的身份来大陆参观访问；第二句是，我们欢迎民进党人士以适当的身份来大陆参观访问。

第二个问题，谈到难和易的问题，推动两岸协商，总的思路是先经后政、先易后难，当然有一个由易入难的过程。不过我想所谓的难和易也是一个相对的概念，只要双方都能以大局为重，共同努力，相向而行，彼此照顾对方的关切，两岸协商就会不断取得成果，难的问题也可以变成易的问题。

香港凤凰卫视记者：台湾驻日本代表上周在日本声称，希望日本教科书中不要再标示台湾为中国的一部分，请问您怎么看待？

杨毅：我看到了有关的报道。我们希望台湾有关人士向国际社会传达有利于两岸关系和平发展、有利于维护中华民族整体利益的正确信息。

中新社记者：您刚才提到两会会协调解决两岸交流衍生的问题，两会第六次会谈也决定，两会将要不定期地召开副会长、副董事长级的“两岸协议成效与检讨会议”，请问这个机制将如何运作？目前有哪些工作计划？

杨毅：两会到目前已经签署了15项协议，达成了两项共识。这些协议的签署对于便利两岸同胞的往来，扩大两岸各领域的交流，促进两岸经济合作，维护两岸同胞的福祉和权益都发挥了十分重要的作用。比如说，两岸签署空运、海运以及邮政合作的协议，使两岸同胞盼望了30年之久的两岸全面“三通”得以实现，极大地方便了两岸同胞的往来，也极大地促进了两岸的贸易和经济合作。两岸签署大陆居民赴台湾旅游协议，实现了大陆居民赴台旅游，增进了两岸同胞的接触、交流、了解，同时也为台湾的旅游业者带去了实实在在的经济利益。两岸签署共同打击犯罪及司法互助协议之后，两岸警方加强合作，加大共同打击犯罪的力度，破获了一批涉及两岸的重大犯罪案件，有力地维护了两岸交流的正常秩序，保障了两岸同胞的生命财产安全。两岸签署经济合作框架协议，推动两岸经济合作迈向了机制化、制度化的轨道。当然，我只是举一些例子，事实上15项协议，每一项协议都给两岸同胞带来了实实在在的利益，成效有目共睹。

两岸对协议的执行都十分重视。协议的执行情况，总的来看也是很好的。当然，任何事情都不可能十全十美，也有需要改进的地方。事实上，在先前每一项协议签署之后，两岸有关业务部门依照协议联系机制，就协议在执行过程中的具体事宜及时地进行了沟通，效果是很好的。为了进一步做好这方面的工作，两会领导人第六次会谈决定，建立一个新的工作机制，由两会来协调相关业务部门的专家不定期地召开会议，总结、检查两会已签协议的贯彻、落实、执行情况。我们认为这是一件很有意义的事情，有利于协议发挥更好的效果。至于说这个机制下一步如何具体运作，我想两会将进一步来协商确定。

《法制晚报》记者：前不久文化部官员介绍，希望在明年的时候把两岸文化交流协议列入两会协商议程，就这方面台办有没有相关的考虑？另外，团团、圆圆在台湾生活愉快，请问台湾赠送大陆的长鬃山羊和梅花鹿将于何时来到大陆？

杨毅：我们推动两岸协商的思路仍然是先易后难、先经后政、循序渐进。当前和今后一段时间，工作的重点还是两岸经济合作。当然，两岸文化教育交流也是两岸交流的重要组成部分，对于增进两岸同胞的了解，推动两岸关系的和平发展，促进两岸同胞共同弘扬中华文化来讲，都具有非常重要的作用。所以，在进行经济合作方面议题协商的同时，我们认为适时就两岸文教交流的议题进行协商，推动建立两岸文教交流合作机制，对于规范两岸文教交流秩序，扩大两岸文教交流领域，提高两岸文教交流水平，都是非常必要的。

在之前的新闻发布会上我已经讲过，因为台北动物园方面提出来，长鬃山羊和梅花鹿没有在北方过冬的经历，为了尽量降低适应的风险，他们建议把运送的时间推迟到明年春暖花开之后，也就是4月份。威海方面也提出来，5月份山羊和鹿都要长茸，最好能在这之前。应该在明年4月份就会把这对宝贝接到威海，让它们在一个如画的环境中愉快生活。相信它们生活愉快的程度会和团团、圆圆一样。

福建东南卫视记者：目前福建省正在加紧建设定位于两岸人民共同合作参与先行先试的平潭综合实验区，日前有台湾学者提出这样的建议，平潭应该弱化其作为两岸经济特区的构想，而加强带有政治含义的两岸共同体的治理特区，成为两岸甚至有公务人员共管共治的实验区。您如何看待这样的建议。

杨毅：我们支持平潭综合实验区抓住机遇，开拓创新，努力探索共同规划、共同投资、共同建设、共同管理、共同受益的可行途径和有益经验。

台湾三立电视台记者：在“九二共识”的部分，刚才发言人特别提到，这是两岸交流交往的前提和基础。我们是不是可以这样理解，如果有政党的政治人物不认可或者不认同“九二共识”的话，接下来在两岸交流上会出现一些阻碍？

杨毅：反对“台独”、坚持“九二共识”，刚才我讲，这是改善和发展两岸关系的前提和基础，也是两岸建立政治互信的重要基础。其实你回顾一下这几年来两岸关系发展的历程，我想你不难得出结论。

各位，再过两天我们将跨入充满希望的2011年。在这里我要代表国务院台办新闻局对各位一年来对国台办新闻发布工作的大力支持表示衷心的感谢！也预祝各位新年快乐、诸事顺遂。再见！